프로골퍼는 이런 교육을 받는다

현재

용인대학교 골프학과 교수

한국여자프로골프협회 전무이사

대한골프협회 스포츠 공정 위원

김 순 희

KIM SOON HEE

- 한국여자프로골프협회(KLPGA) 정회원
- 한국여자프로골프협회 상벌위원
- 한국여자프로골프협회 감사
- 한국여자프로골프협회 교육위원장
- 대한골프협회 스포츠 공정 위원
- 1급 골프 경기지도자
- 2급 골프 생활체육지도자
- 체육인재육성재단 자문위원
- (사)100人의 여성 체육인 이사
- 2003 KLPGA투어 제4회 하이트컵레이디스 골프대회 우승
- 2003 KLPGA 대상 시상식 특별상 수상
- KLPGA 대상 시상식 매너상 수상
- KLPGA 강산배 시니어투어 1차, 4차 대회 우승
- 2009 KLPGA대상 시상식 시니어 상금왕 수상
- 골프국가대표 코치
- 제36회 퀸시리키트컵 아시아태평양 아마추어골프팀선수권대회 단체전 1위
- 제14회 네이버스컵 여자 단체전 2위
- 제17회 인천아시아경기대회 여자개인전(금) / 단체전(은)
- 제26회 세계아마추어 여자골프팀 선수권대회 여자단체전
- SBS 여성을위한5분골프레슨, 휠라골프, 기가골프 광고모델

책을 펴내면서

오늘날 전 세계는 대한민국의 골프 실력에 대하여 어떻게 평가하고 있을까? 특히 대한민국의 여성 골프 실력은 최고의 실력임을 전 세계는 인정하고 있는데 그렇게 된 밑바탕은 무엇일까? 한국의 여자 프로골퍼는 기술적인 면에서 세계적으로 뛰어난 실력을 갖추고 있는데 자만하지 아니 하고 보다 더 좋고 앞선 기술과 이론 지식에 대하여 연구하면서 미래의 후배 양성을 위하여 끊임없이 노력하고 투자하는 분위기를 만들며 이루어낸 성과라고 볼 수 있다.

골프를 즐기는 사람들은 물론 프로 골퍼들도 마찬가지로 인정하는 말 중에는 '골프는 쉽지 않은 운동이야!'라고 한다. 같은 코스에서 매일 라운드를 하더라도 좋은 스코어로 끝내기는 쉽지 않다. 골프를 잘하기 위해서는 몇 가지 기본적인 사항에 대한 이해가 필요하다.

모든 경쟁 스포츠와 마찬가지로 골프라는 운동이 갖는 똑같은 특징 중의 하나는 기술 습득의 기본에 충실하지 않으면 안 된다. 일례로, 골프 스윙의 메커니즘(mechanism) 중에서 어느 한부분이라도 습득한 기본 기술의 동작에서 벗어나면 목표했던 스윙의 결과를 얻기 힘들 것이다. 거의 대부분의 프로 골퍼는 시합 시즌 중에도 기본기 연습을 게을리 하지 않는다. 우리가 흔히 골프의 기본 기능이라고 하는 의미는 그립, 스탠스, 셋 업 등을 말한다. 이는 모든 골퍼가 이해하고 있는 기본자세로서 그립을 정확히 쥐고, 밸런스를 유지하며 체중이동을 원활히 할 수 있게 자리를 잡고서, 스윙을 편안히 하도록 준비 자세를 취하는 과정을 의미한다. 그립과 스탠스, 셋 업에 요구되는 기본 기능을 갖추어야 지형의 높낮이, 볼이 놓인 위치, 바람 등 샷(shot) 할 때 마다 다른 다양한 골프 환경에 적응하여 라운드를 할 수 있을 것이다.

프로골퍼의 경기는 보통 6일 정도 라운드를 한다. 대회는 화요일 연습라운드, 수요일 프로 암(pro-arm) 대회, 목, 금, 토, 일요일 본 경기 라운드로 계획되는 것이 기본이다. 이런 일정과 우리의 몸은 어떠한 관계가 있을까? 골프는 한 방향으로 움직이는 운동이기 때문에 운동을 지속하다 보면 신체 밸런스가 무너질 가능성이 높다. 밸런스가 무너지면 스윙이 좋을 수 없고 마음에 드는 샷의 결과를 기대할 수 없다. 프로골프 선수들은 골프의 중요도 순위를 첫째는 체력, 둘째가 기술, 셋째를 멘털(mental, 정신력)이라고들 말한다.

체력이 첫째인 이유는 라운드를 할 때에 카트(cart/buggy)를 타지 않고 걷기 때문이다. 일주일에 6일 동안의 라운드는 체력이 뒷받침되지 않으면 불가능한 일이다. 둘째로 꼽은 기술도 7~8km가 되는 거리를 걸으며 다양한 코스 환경과 접하기 때문에 피로를 이겨낼 수 있어야 기술 발휘가 가능하다.

셋째 멘털 또한 체력이 떨어지면 아무리 게임에 집중하고 싶어도 마음처럼 되지 않는다. 골프 체력이라고 하는 말은 근력 만을 키우라는 것이 아니라 라운드를 6일 동안 가능하게 하는 심폐지구력, 샷을 자연스럽게 할 수 있는 유연성, 순간적으로 힘차게 스윙할 수 있는 파워(power) 능력 등을 꾸준히 향상시켜 골프 라운드에 적합하도록 만든 우리 몸의 능력을 뜻한다.

이와 더불어 적당한 영양섭취와 휴식은 중요한 요소이며, 온몸이 야외 환경에 노출되어 있다 보니 머리부터 발끝까지, 모든 감각세포가 살아있어야 한다. 감각적으로 날씨와 온도를 느껴야 되고, 티잉 구역(teeing area)에 올라섰을 때 한 눈에 코스 전체를 탐색할 수 있어야 한다. 또한 지면의 높낮이에 대한 느낌과 선수들은 때때로 그립 감(그립을 잡은 느낌)으로 그날의 스코어를 예상하기도 한다. 프로 선수들은 골프는 보고, 느끼고, 치는 경기라고 한다.

그리고 골프는 단순하다. 드라이버는 휘두르고, 아이언은 찍고, 퍼터는 굴리는 것이다. 이렇게 단순하면서도 선수, 환경, 기능 등이 조화를 이루어야 좋은 결과를 얻을 수 있는 운동이 골프이기도 하다

이 책은 프로 골퍼 및 지망생들을 위한 수많은 교육 프로그램 중에서 유명 지도자 3명의 교육내용을 선별하여 공부하고 연습을 통해 실력을 향상시키는 방법을 소개하였다. 여러분의 골프 실력 향상에 도움이 되길 바란다. 본서의 저자는 한국여자프로골프 교육분과위원장으로서 그리고 골프를 사랑하는 한 사람으로서 선수와 지도자들의 교육 열정에 큰 박수를 보내는 바이다.

2020. 2. 28

연구실에서 저자 김 순 희

목 차

퍼 팅 (Putting)

- 15　퍼팅
- 17　퍼팅의 필수 요소
- 18　에임(aim, 조준)
- 25　시각 탐색(visual search)
- 30　에임 편향(aim bias)
- 38　헤드(head)의 모양
- 42　라인(line)의 효과
- 45　호젤(hosel)의 효과
- 49　로프트(loft)
- 54　시각과 주시안(eye dominance)
- 56　속도 조절(speed bias)
- 57　홀의 조건 이해
- 61　스탠스(stance)
- 65　볼의 위치
- 66　좌측 주시
- 67　우측 주시
- 68　주시안 확인 방법
- 69　퍼터 스트로크(stroke)
- 74　볼의 스피드 조절 요인
- 76　퍼터 디자인
- 77　샤프트 카운트 웨이트
- 79　경로(path)
- 80　사분면(4 quadrants)
- 82　그린 경사 읽기
- 92　그린 경사 측정 수평계 사용법
- 93　볼의 위치
- 95　퍼팅 셋업(putting set up)
- 96　퍼팅 셋업: 손의 구조
- 97　손등이 앞을 향한 경우 그립 잡는 법
- 98　손등이 옆을 향한 경우 그립 잡는 법
- 99　손바닥이 앞을 향한 경우 그립 잡는 법
- 100　코어와 얼라인먼트(alignment) 찾기
- 101　코어 확인 방법
- 102　셋업 순서로 코어 확인 하기
- 106　어퍼 코어(upper core)
- 107　어퍼 코어의 셋업 순서
- 110　미들 코어(middle core)
- 111　미들 코어의 셋업 순서
- 113　로 코어(low core)
- 114　로 코어의 셋업 순서

스윙 (Swing)

- 119 스윙
- 120 코어 근육・밸런스・스윙의 관계
- 121 스윙 셋업 : 손의 구조
- 122 손등이 앞을 향한 경우 그립 잡는 법
- 123 손등이 옆을 향한 경우 그립 잡는 법
- 124 손바닥이 앞을 향한 경우 그립 잡는 법
- 125 중심축 코어 찾기
- 130 어퍼 코어(upper core)
- 131 어퍼 코어의 셋업
- 133 미들 코어(middle core)
- 134 미들 코어의 셋업
- 136 로 코어(low core)
- 137 로 코어의 셋업
- 139 탑 위치 찾는 스윙 방법
- 140 자연스런 오른손 동작 찾기
- 141 손등 방향과 스윙 궤도의 변화
- 142 손등이 앞을 향한 경우 그립 잡는 법
- 143 코어 별 온탑(on top)의 스윙 궤도
- 150 온 탑의 스윙 궤도
- 151 손등이 옆을 향한 경우 그립 잡는 법
- 152 코어 별 사이드 온의 스윙 궤도
- 159 사이드 온(side on)의 스윙 궤도
- 160 손바닥이 앞을 향한 경우 그립 잡는 법
- 161 코어별 언더의 스윙 궤도
- 168 언더의 스윙 궤도
- 169 코어 확인하기
- 170 코어 확인 방법
- 171 셋업 순서로 코어 확인하기
- 175 탑 위치 탐색 신체 측정방법
- 176 스윙 플레인(swing plane) 찾기
- 177 신장보다 팔이 긴 경우
- 179 신장과 팔이 같은 경우
- 181 신장보다 팔이 짧은 경우
- 183 팔 길이 측정
- 184 팔 길이에 따른 스틱 위치 두기
- 185 신체 구조에 맞는 탑 위치 찾기
- 186 팔 길이가 같은 경우
- 188 위・아래팔 길이 같은 다운 스윙 궤도
- 189 위팔보다 아래팔이 약 2cm 짧은 경우
- 191 아래팔이 짧은 다운 스윙 궤도
- 192 위팔보다 아래팔이 2cm 길 때 탑의 위치
- 194 아래팔이 긴 경우의 다운 스윙 궤도

비기너 골프장 이용 방법

- 197 골프 코스의 구성
  - 199 골프장 스코어 카드
  - 200 선수 시합용 카드
- 201 골프 코스의 디자인
  - 202 티잉 구역
  - 203 페어웨이
  - 204 페널티구역
  - 205 코스 보호 구역
  - 206 퍼팅 그린
- 207 라운드 준비물과 캐디백
  - 208 보스턴백과 운동용품
- 209 라운드 예약부터 종료까지
  - 210 예약
  - 211 백 드롭 후 주차
  - 213 안내 데스크 수속
  - 214 로커룸
  - 215 입장 전 확인
  - 216 라운드 전 준비
  - 217 카트 이동 매너
- 218 라운드 시작과 진행
- 239 라운드 시 에티켓(etiquette)
  - 239 에티켓
  - 239 경기의 기본 정신
  - 240 안전(safety)
  - 241 다른 플레이어에 대한 배려
- 243 골프장 안전사고
  - 244 타구 사고
  - 246 타구 사고 사례
  - 247 카트 사고 사례
  - 249 익사 사고 사례
  - 250 물림 사고 사례
  - 251 골프장 사고 기타 사례
  - 252 골프연습장 사고 사례
- 253 캐디에 대한 에티켓
- 254 찾아 보기
- 259 참고 자료

[부록] 본서 출판에 도움을 준 사람들

"골프는 세상에서 가장 솔직하고 정직한 경기이다. 골프경기에서는 선수교체가 허용되지 않으며, 많은 경기 임원들을 필요로 하지 않는다."

Deane Beman

『The Times』 1987. 1. 1.

퍼팅(Putting)

퍼팅의 내용

- 퍼팅
- 퍼팅의 필수 요소
- 에임(aim, 조준)
- 시각 탐색(visual search)
- 에임 편향(aim bias)
- 헤드(head)의 모양
- 라인(line)의 효과
- 호젤(hosel)의 효과
- 로프트(loft)
- 시각과 주시안(eye dominance)
- 속도 조절(speed bias)
- 홀의 조건 이해
- 스탠스(stance)
- 볼의 위치
- 좌측 주시
- 우측 주시
- 주시안 확인 방법
- 퍼터 스트로크(stroke)
- 볼의 스피드 조절 요인
- 퍼터 디자인
- 샤프트 카운트웨이트(counter weight)
- 경로(path)
- 사분면(4 quadrants)
- 그린 경사 읽기
- 그린 경사 측정 수평계 사용법
- 볼의 위치
- 퍼팅 셋업(putting set up)
- 퍼팅 셋업: 손의 구조
- 손등이 앞을 향한 경우 그립 잡는 법
- 손등이 옆을 향한 경우 그립 잡는 법
- 손바닥이 앞을 향한 경우 그립 잡는 법
- 코어와 얼라인먼트(alignment) 찾기
  - 코어 확인 방법
  - 셋업 순서로 코어 확인 하기
- 어퍼 코어(upper core)
- 어퍼 코어의 셋업 순서
- 미들 코어(middle core)
- 미들 코어의 셋업 순서
- 로 코어(low core)
- 로 코어의 셋업 순서

퍼팅

퍼팅(putting)이란, 그린 위에 있는 볼을 퍼터로 스트로크(stroke) 하여 홀에 넣는 것이다. 퍼팅은 골프 타수 중 약 43% 정도의 큰 비중을 차지하기 때문에 경기 결과에 큰 영향을 미친다. 퍼팅은 성공률로 우수성을 평가하며, 거리가 멀어 두 번의 퍼팅 전략을 취할 경우를 제외한다면 퍼팅의 목적은 볼을 한 번의 스트로크로 홀에 넣는 것이다.

그린 위에 놓인 볼의 위치를 파악하는 시각탐색을 시작으로 그린의 높낮이와 스피드, 잔디의 길이 및 종류, 그린 주변의 자연환경과, 풍향 및 풍속, 소음이나 주변 환경 등 다양한 변수들을 파악할 수 있어야 퍼팅 준비가 됐다고 볼 수 있다.

퍼팅의 필수 요소
3가지

퍼팅의 필수 요소

퍼팅 할 때에 작용하는 요소에는 3가지가 있다. 3가지 필수 요소는 볼을 보내려는 목표 지점에 직각으로 에임 하기(aim), 퍼터로 볼을 임팩트(impact) 할 때의 퍼터 헤드의 스피드(peak speed), 볼을 직선 선상(straight plane Line)으로 보내기 등이다.

퍼팅을 잘 하기 위해서는 이 3가지 필수 요소가 완벽하게 조화를 이루어야 가능하다. 퍼팅의 3가지 필수 요소를 간단하게 표현하면 에임(aim, 조준), 스피드(speed), 경로(path) 이다.

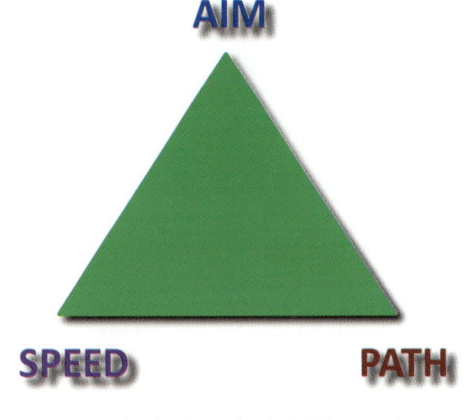

퍼팅의 3가지 필수 요소

에임(aim, 조준)

퍼터를 에임(조준)하는 방법은 어드레스에서 퍼터가 어떻게 보이는지, 퍼터가 앞뒤로 어떻게 움직이는지 등은 퍼터에 대한 골퍼의 지각과 직접적으로 관계가 있다.

퍼터의 에임

이러한 모든 요인들은 서로 연관되어 있어서 퍼팅을 혼란스럽게 만들기도 한다. 인간 동작의 대부분은 시각적으로 물체를 조준하고 제어하며 이루어지는데, 골프에서 에임은 매우 숙련된 동작이다. 운동을 수행할 때에는 시각 피드백과 운동제어가 매우 중요한데, 신체활동을 하려면 감각기관 중에서 주로 시각을 통해서 입력되는 정보가 가장 중요한 역할을 담당하기 때문이다.

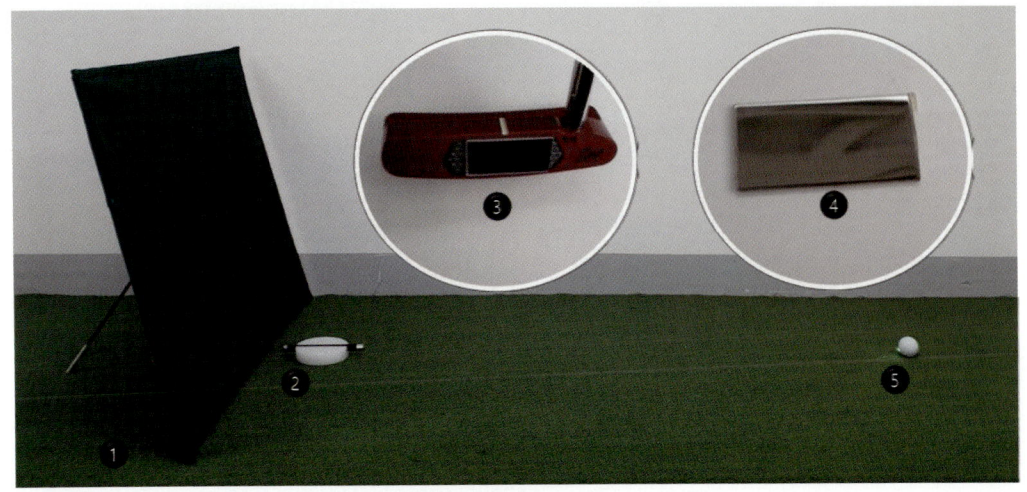

골프의 실력 향상을 위해서는 시각정보의 지각 과정과 지각된 정보를 효과적으로 활용할 수 있는 방법에 대하여 이해하는 것이 매우 중요하다. 에임을 바르게 하는지 점검하기 위한 준비물은 다음과 같다.

❶ 백 보드   ❷ 레이저   ❸ 퍼터   ❹ 거울   ❺ 볼

에임 체크하는 방법은 다음과 같다.

❶ 퍼터 헤드에 거울을 부착한다.

❷ 백 보드 아래에 레이저를 중앙에 위치시킨 후 레이저를 켠다.

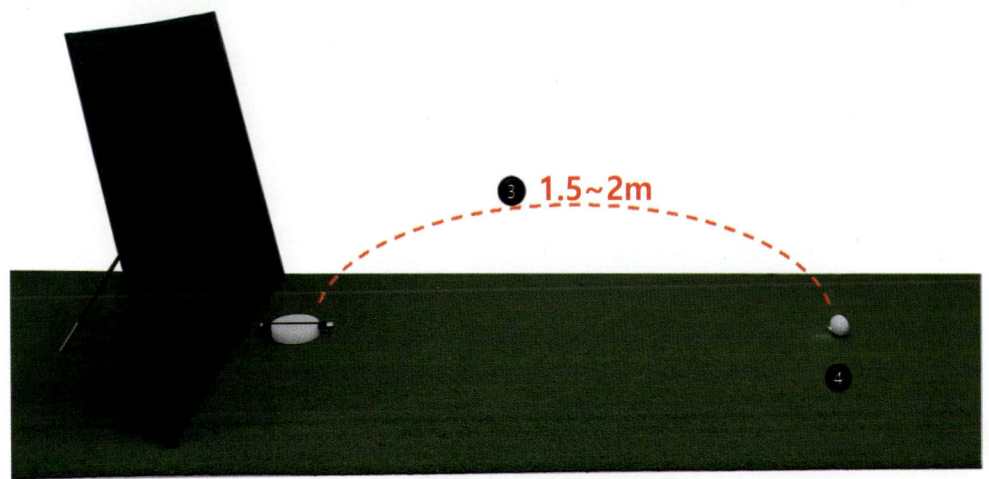

- ❸ 레이저와 볼의 간격이 1.5~2m 되도록 한다.
- ❹ 레이저 불빛이 볼 아래쪽을 비추도록 조준한다.

❺ 퍼터 페이스에 거울을 붙이고 볼에 어드레스를 한다.
　이때, 목표 지점은 백 보드 앞에 놓여있는 에임 레이저이다.

❻ 조준 후 볼을 치우고, 레이저가 반사되는 결과를 확인한다.

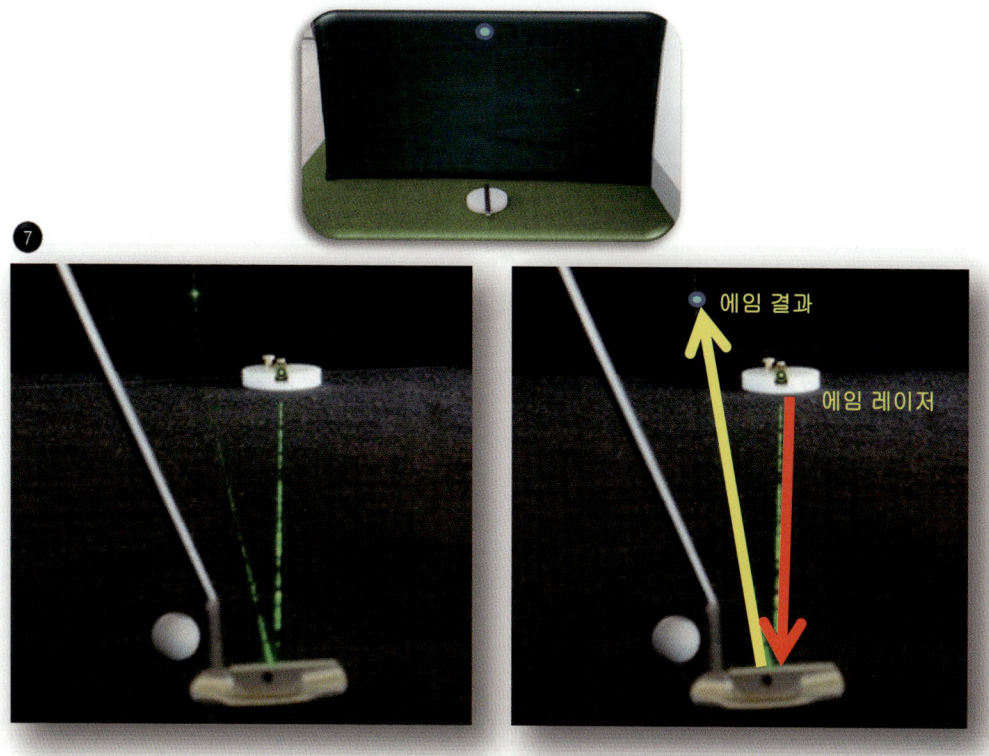

❼ 처럼 반사되어 맺힌 레이저의 불빛 상이 본인의 에임 방향임.

잠깐 알고 가기

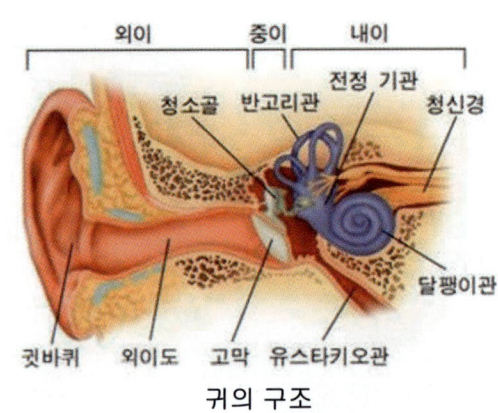

귀의 구조

골프를 비롯한 대부분의 운동에서 자세의 조절은 순간적으로 변화하는 상황에서 중심을 유지하는 역할을 하는데, 이는 우리 인체의 전정기관(vestibular system), 시각(vision), 경부 고유수용기(cervical proprioceptor) 등에 의하여 이루어진다.

이중 전정기관은 자세 변동으로 자극을 받으면 안구운동을 조절하는 전정안구반사, 경부의 근육에 작용하여 머리의 위치를 조절하는 전정경반사, 팔다리 근육에 작용하여 신전반사와 굴곡반사 등을 유발시킴으로써 체위를 조절하는 전정척수반사 등을 초래한다.

시각 탐색(visual search)

골프 경기에서 환경에 관한 적절한 정보를 지각하는 과정은 대부분 시각을 통해서 이루어진다.

　퍼팅 전에 주변 환경 및 그린을 살피고, 볼과 홀의 위치를 탐색한다. 그린에서 오르막, 내리막, 슬라이스 경로(path), 훅 경로, 그리고 홀과의 거리 등을 시각 탐색한 후, 직접 몸으로 느껴 판단한다. 보폭과 걸음의 수로 거리를 측정하고, 발바닥으로 느끼는 경사도와 그린의 쿠션, 발의 꺾임 정도 등을 통해 경사도를 판단한다.

눈으로 본 상황과 몸으로 느낀 것을 종합하여 판단하고 적용한다. 다시 말해서 시각을 통해서 받아들여지는 정보는 운동을 수행하기 전에 동작을 준비하는 과정이나 운동 수행 중의 상황이나 동작에 대한 효율적인 의사 결정과 직접적인 관련이 있다. 따라서 특정한 상황에 요구되는 수행에 대한 적절한 단서를 시각을 통하여 환경으로부터 얻은 정보를 선택할 수 있어야 한다. 이러한 환경으로부터의 시각 정보는 시각 탐색(visual search)이라는 과정을 통하여 받아들이게 된다.

시각 탐색이란, 운동 수행 환경에서 주어지는 적절한 단서에 대하여 시각적으로 주의를 기울이는 과정이라 할 수 있다. 시각 탐색의 과정은 수행자가 과거에 겪었던 과제에 대한 경험이나 숙련 정도에 따라서 달라질 수 있다.

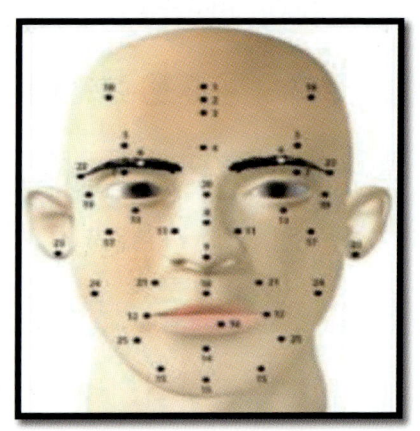 

우리가 그림이나 퍼터를 볼 때, 알든 모르든 뇌는 눈을 통해 매우 구조화된 방식으로 이미지를 체계적으로 파악한다. 예를 들어, 당신이 사람의 얼굴을 볼 때, 뇌는 이마에서부터 눈, 코에서 입, 입에서 턱 등의 위치와 거리 및 조화의 관계에 대해 즉시 패턴을 지어 인식한다.

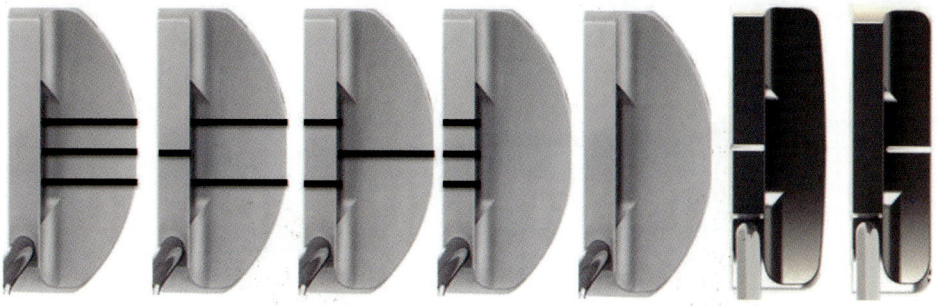

　사람의 얼굴을 바라보고서 그 사람의 얼굴 생김새를 주관적으로 판단할 수 있는 것은 경험을 바탕으로 이미 뇌에 프로그래밍이 되어 있어 가능한 일인데 우리가 퍼터를 내려다볼 때도 마찬가지이다.

　뇌는 퍼터의 모양, 라인, 각도, 호젤(hosel), 로프트(loft)를 패턴화 하고 상황을 결정한다. 뇌는 즉시 초점을 지각하고 이를 근거로 에임 방향을 정한다. 퍼터를 개발할 때도 이러한 관점을 근거로 개발한다.

에임 편향(aim bias)

퍼팅 시 시선 패턴은 8가지 방법이 있다. 즉, 머리를 고정한 채 머리에서 일직선 위 또는 아래, 오른쪽 위, 왼쪽 위, 오른쪽 옆, 왼쪽 옆, 왼쪽 아래, 오른쪽 아래 등의 방향으로 바라볼 수 있다.

퍼팅을 하기 위해 몸을 앞으로 구부리고, 머리를 앞으로 숙이고 옆으로 기대면, 눈은 특정 평면에서 머리의 방향대로 움직일 수 있다. 따라서 ❷처럼 플레이어가 타깃을 보기 위해 머리의 중심축을 기준으로 머리를 돌리는 방식에 주의를 기울이는 것이 필요하다.

플레이어의 머리 기울기와 기울기 편향으로 인해 타깃 라인의 위치와 플레이어의 타깃 편향에 대한 퍼터 에임의 지각하는 방식을 이해해야 하기 때문이다.

종종 전방 기울기에 따라 콧마루의 위치가 눈을 혼란스럽게 만들기도 한다. 이는 코가 타깃을 보는 오른쪽 눈을 방해할 때 발생한다. 콧마루와 코의 크기가 방해가 되면, 플레이어는 본능적으로 평면 시각을 지면으로 돌려 오른쪽 눈이 볼 수 있도록 왼쪽 눈을 더 왼쪽으로 이동시킬 수 있다.

이 행동은 두 눈과 볼을 잇는 삼각 측량으로 인해 실제보다 타깃 범위를 더 넓게 지각할 수 있게 한다. 이상적으로는 머리가 평면 시각의 타깃 또는 평면 라인을 따라 가면서 목을 중심으로 회전해야 한다.

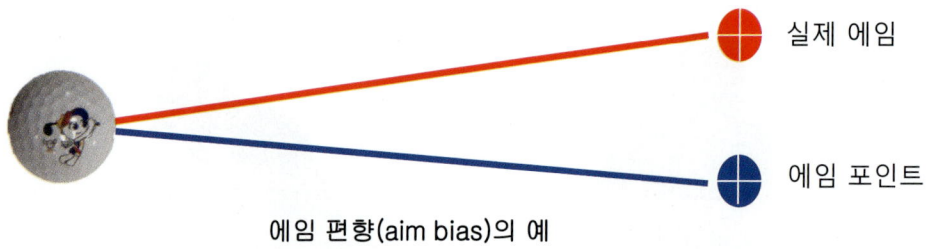

에임 편향(aim bias)의 예

피팅 전문가인 David Edel은 실제로 한 에임과 에임 포인트 간의 격차에 의해 볼의 방향이 달라진다고 하였다. 에임 편향(aim bias, 조준 이탈)은 퍼터 페이스를 실제 의도와는 다른 방향으로 조준하는 성향을 말하는데, 이는 결과적으로 볼의 경로가 이탈하는 현상이다. 더구나 에임 편향이 되면 퍼터의 페이스가 흔들리게 되고, 경로가 변화되면서 속도 조절에 영향을 준다. 또한 에임 편향은 리딩(reading)에 영향을 끼치는데, 실제 보여지는 모든 것에 그릇된 영향을 미쳐 결과적으로 퍼팅 시 혼란을 초래한다.

어드레스에서 퍼팅 에임은 퍼터의 물리적 속성, 그린 지형의 인식, 시선 집중 형태, 이전의 경험 등을 고려해야 하는 매우 복잡한 행동 계획이다. 다음의 내용은 퍼터의 입체 구조(clubs geometry)에 따른 물리적 속성이 지각에 미치는 영향에 대하여 설명하고 있다.

우리가 퍼터를 볼 때, 뇌의 인지 학습 시스템은 샤프트 끝에 있는 퍼터 헤드 전체를 보고 에임 방법에 대해 생각한다. 이 과정은 개인마다 차이가 있고 집중하는 곳이 다르며, 반대로 반응하기도 한다.

초점을 퍼터 뒤쪽에 두면 퍼터가 열려 보이는 편향이 생김

훌륭한 지도자는 변수의 변화와 골퍼가 변화를 인지하는 방법을 알아야 한다. 퍼터는 타깃 라인에 직각인 상태에서 열림과 닫힘을 인식할 수 있는 모양, 라인(lines), 오프셋(offsets), 색상, 각도의 다양한 구조물이다.

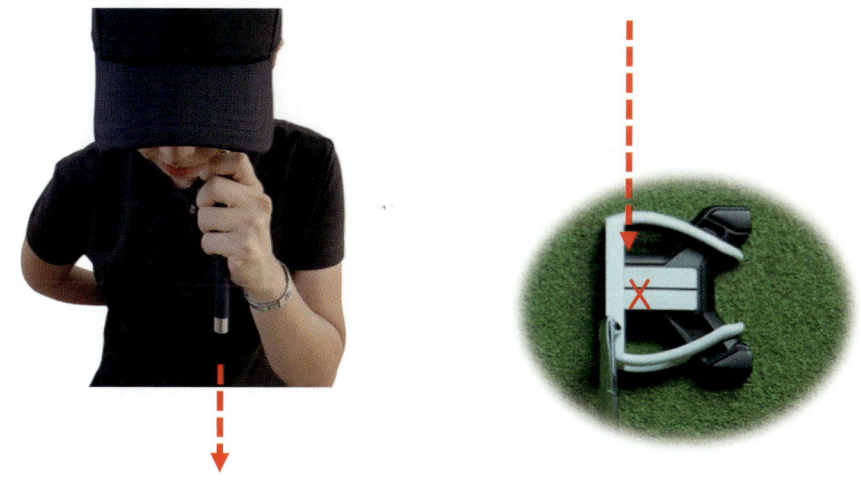

초점을 앞으로 이동하면 다른 편향이 생김(닫혀 보임)

퍼터의 겉모양 구조는 골퍼의 눈이 평행 및 수직 관점을 확립하도록 초점을 바꾼다.

헤드(head)의 모양

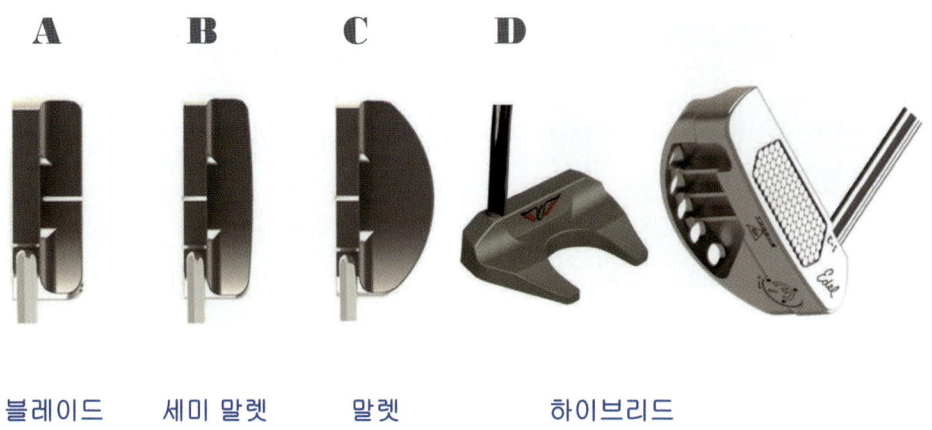

퍼터의 헤드 스타일은 크게 블레이드(blade), 말렛(mallet), 세미 말렛(semi-mallet), 하이브리드(hybrid) 등으로 구분할 수 있다.

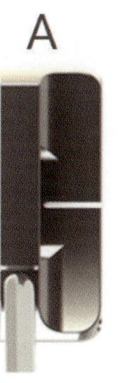

블레이드

블레이드(blade) 스타일 퍼터의 페이스 면과 뒷면이 평행을 이루기 때문에 페이스와 동일하게 퍼터의 뒤쪽에 초점을 둘 수 있다.

세미말렛

세미말렛(semi-mallet) 스타일 블레이드모양의 퍼터와 말렛 퍼터의 뒤와 앞의 초점을 중간 위치에 두기 위한 헤드 형태를 개선한 퍼터이다.

말렛

말렛(mallet) 스타일 뒤쪽이 곡선 모양인 말렛은 얼라인먼트(alignment) 기능으로 뒷부분을 사용할 수 없어 초점을 앞에 둔다. 초점을 앞으로 이동시키면 지각된 에임이 닫혀, 플레이어는 실제로 에임이 더 오른쪽일 때, 퍼터 모양이 직각을 유지하기 위해 페이스를 연다.

하이브리드

하이브리드(hybrid) 스타일 하이브리드는 특성이 혼합된 퍼터라는 의미로 세미와 말렛의 중간 형태의 퍼터 뒷부분이 공간 구조를 갖추고 있다. 성능은 블레이드에 가깝다.

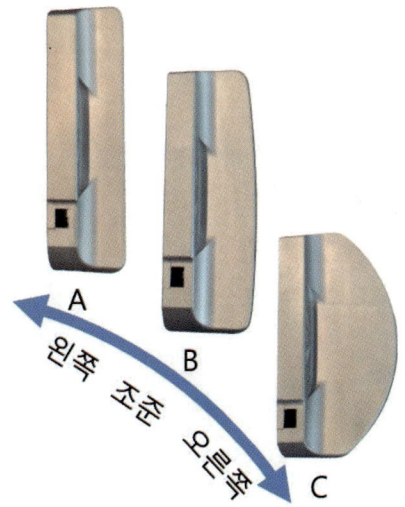

말렛처럼 퍼터의 뒷부분이 곡선 모양을 띈 퍼터는 오른쪽 에임 성향이 생기며, 페이스 면과 뒷부분이 평행한 모양의 퍼터는 왼쪽으로의 에임 성향이 생긴다. 즉, 헤드 뒷부분이 직선에 가까운 모양의 퍼터는 오른쪽 진행을 막아줄 수 있다.

라인(line)의 효과

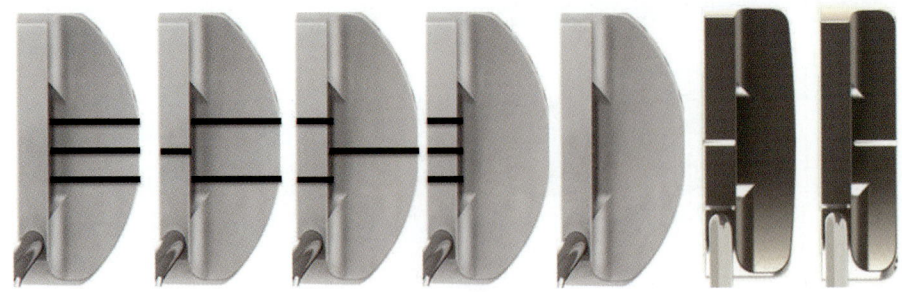

오늘날 대부분의 퍼터는 라인을 넣은 형태로 제작되고 있다. 대부분의 골퍼들은 라인이 그려진 퍼터에 매우 익숙해져 있기 때문에 라인이 없는 퍼터를 쓰는 경우는 거의 없다. 또한 라인은 호젤(hosel), 헤드와 함께 지각된 에임의 상당한 편향을 야기한다. 퍼터의 라인은 때때로 다른 기하학적 모양과 상충될 수도 있다

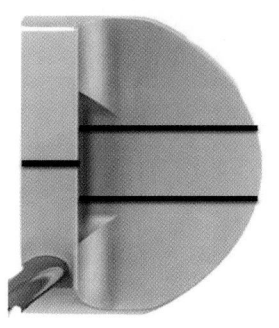
예를 들어, 말렛 퍼터의 경우에 실제 모양을 보면 뒷부분의 원형 기하학적 특성(trail geometry)으로 인해 앞을 향하는 형태지만, 뒤로 연이어 나 있는 직선의 라인들은 후방을 향하고 있기 때문에 서로 상충된다.

하지만 골퍼의 지각은 뒤쪽의 둥근 라인은 앞을 향하기 때문에 주의 집중이 앞으로 이동한다. 이러한 영향력으로 헤드에 라인을 그려 넣어서 에임 시 변화를 줄 수 있다. 라인이 없는 퍼터는 오른쪽으로 조준하도록 영향을 주며, 라인이 여럿인 퍼터는 왼쪽으로 조준하는데 영향을 준다. 앞쪽 라인은 뒤쪽 라인에 비해 조준에 덜 영향을 주며, 뒤 두 라인 중 위쪽 라인은 조준 시 좌우로 3~8cm 정도 영향을 주는데 비해, 아래 라인은 좌우로 8~13cm 정도 영향을 미친다.

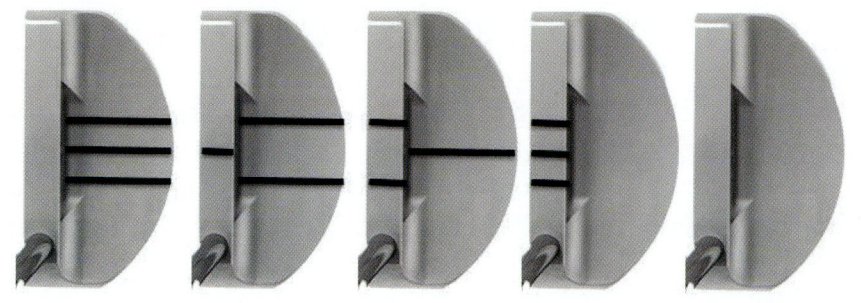

라인은 또한 원래의 퍼터 로프트(loft)를 변화시킬 수도 있다. 앞쪽에 있는 라인은 퍼터의 로프트를 감소시킬 수 있으며, 뒤쪽 라인은 로프트를 증가시킬 수 있다. 선수는 라인 외 퍼터의 다른 곳을 보는 연습도 병행해서 에임 연습을 해야 한다. 헤드와 호젤의 핵심 구조는 퍼터의 기본 가치이며, 라인은 에임을 미세하게 조정하는 방법이다. 초점을 앞뒤로 이동시킬 필요가 있을 경우, 라인은 초점 형성에 도움된다.

호젤(hosel)의 효과

모든 퍼터는 호젤과 헤드의 다양한 결합 구조로 인해서 앞쪽, 중간 또는 뒤쪽 어느 쪽으로든 페이스 프로그레션(face Progression)이 있다.

Hosel : 클럽헤드가 샤프트와 연결되어 있는 구부러진 부분

골퍼에 따라 퍼팅을 할 때에 시각 초점 포인트의 차이로 퍼터 페이스가 열려 있거나 닫혀 있는 상태로 보일 수 있다. 에임의 편향을 야기하는 변수와 특성을 확인하고 호젤을 조정하는 것은 필요하다. 호젤이 앞쪽으로나 뒤쪽으로 움직이면 초점도 앞쪽으로나 뒤쪽으로 이동될 것이다.

용어 페이스 프로그레션 (face progression) : 샤프트의 중심선에서 페이스까지의 간격

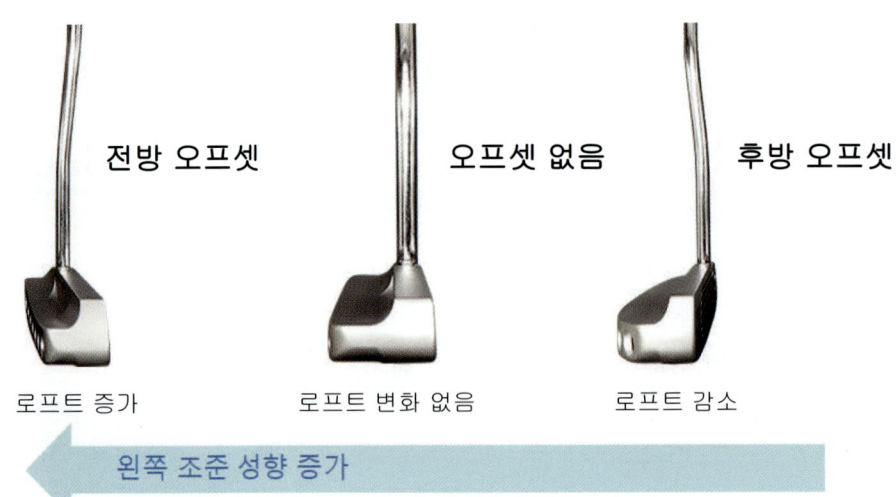

전방 오프셋 호젤은 초점 패턴을 뒤로 이동시켜 퍼터가 더 열려 보이게 만드는 경향이 있다. 호젤이 전방으로 나아가면 헤드가 뒤로 빠지면서 로프트가 낮아 보이기 때문에 보상동작으로 로프트를 높여 페이스모양이 스퀘어가 되도록 만든다.

용어 오프셋 (offset) : 샤프트 중심선과 페이스가 이루는 각도

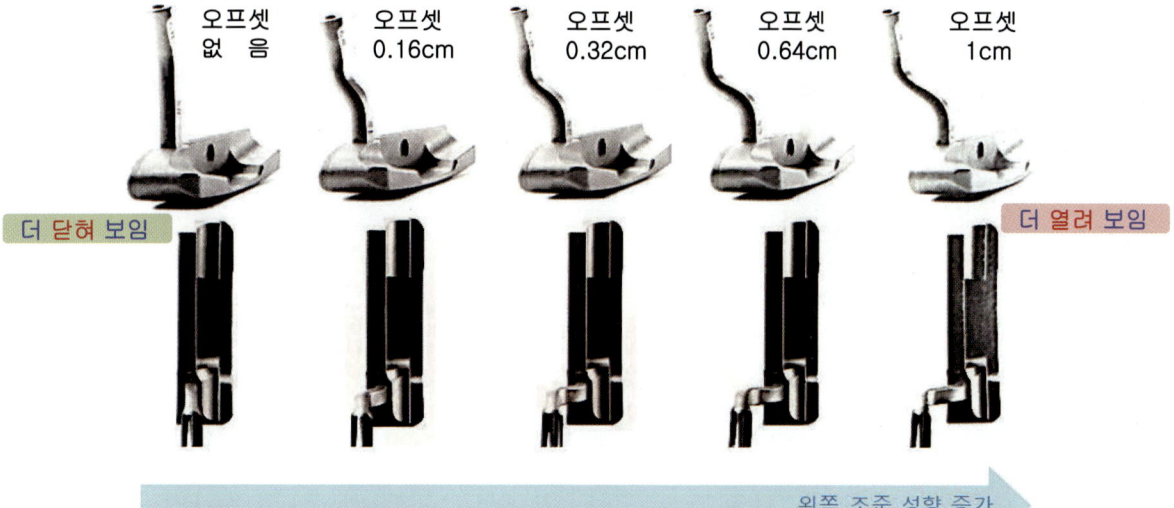

후방 오프셋 호젤은 페이스를 전방으로 이동시키고 초점을 전방 리딩에지(leading edge)로 이동시킨다. 뒤로 이동한 호젤로 인해 페이스가 닫혀, 에임을 위한 반응은 그립 앞으로 기울이기, 페이스 열기 또는 두 가지 모두를 한다. 따라서 후방 호젤은 로프트가 낮은 경향이다.

온셋(onset) 호젤 퍼터

온셋(onset) 호젤은 샤프트를 퍼터의 상단 라인에 직접 놓는다. 대부분의 퍼터 생산 회사가 만든 전방 페이스 프로그레션의 형태의 퍼터 때문에 온셋 호젤형의 퍼터는 페이스가 더 앞쪽에 있다고 생각한다. 이 호젤은 헤드 모양을 이용해 넥(neck)이 다르게 보이는 부정적인 거부감 없이 페이스 프로그레션을 지각할 수 있다.

로프트(loft)

로프트

퍼터의 로프트(loft)는 크게 스태틱(static) 로프트, 이팩티브(effective) 로프트, 다이나믹(dynamic) 로프트 등 세 가지 유형이 있다.

스태틱 로프트는 퍼터 제조 시 단순히 적용된 각도이다. 많은 플레이어가 스트로크 시 4도 로프트 퍼터를 선호하여 2도의 기울기를 가지는 퍼터가 기본이다. 이팩티브 로프트는 플레이어의 경사 각도와 자세 설정으로 인해 어드레스 시 생성된 로프트이다. 각 플레이어에게 이 자세는 플레이어의 심안, 스트로크 절차, 기술에 대한 인식이 만들어 낸 적절한 조합이다. 포워드 프레스 또는 볼 위치는 로프트 문제뿐만 아니라 에임 편향의 문제를 야기할 수 있다.

지도자는 플레이어 옆에 서서 척추가 너무 굽지 않았는지, 또는 불편해 보이지 않는지, 팔을 뻗었는지, 굽혔는지 확인이 필요하다. 또한 퍼터의 토우(toe)나 힐(heel) 부분이 지면에서 떨어져 있는지 확인하여 중립적인 위치를 만들도록 한다.

기울기 각도는 매우 중요한데, 에임뿐만 아니라 동적인 움직임 중 스트로크 흐름에도 영향을 미친다. 기울기 각도는 플레이어가 에임 시 지각된 퍼터 모양의 보정 방법과 볼의 구르기에 많은 영향을 준다.

예를 들어, ❶전방으로 이동하는 초점은 퍼터가 닫혀 보이게 되어 몸을 전방으로 숙여 포워드 프레스를 나타내고, 이로 인해 로프트가 감소하는 현상이 나타난다.

반대로 ❷후방으로 이동하는 초점은 퍼터가 열려 보이게 되어 의도적으로 핸들을 후방으로 기울이게 되어 로프트가 증가하게 된다.

다이나믹 로프트는 매우 중요한 각도로, 볼이 끝나는 지점 못지않게 중요할 수 있다.

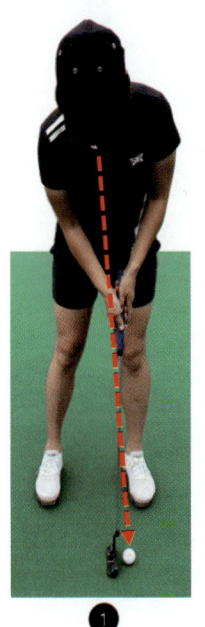
❶

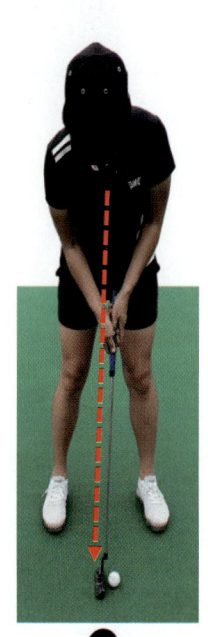
❷

X축은 ❶헤드에 그어진 라인, Y축은 ❷고정된 페이스, Z축은 ❸헤드에 꽂은 샤프트 방향을 말한다. 퍼터 모션은 다차원이기 때문에, X, Y, Z가 기울어진 평면에서 사방팔방으로 움직인다.

페이스 에임 및 로프트와의 연관성은 볼 이동 지점에 영향을 준다. 과도한 로프트는 왼쪽 벡터, 0 이하로 감소된 로프트는 오른쪽 벡터, 상승 각과 결합된 로프트는 스피드와 사이드 스핀 벡터를 야기한다.

용어 벡터 (vector) : 크기와 방향을 물리량으로 속도, 가속도, 무게, 힘 등을 말함

시각과 주시안(eye dominance)

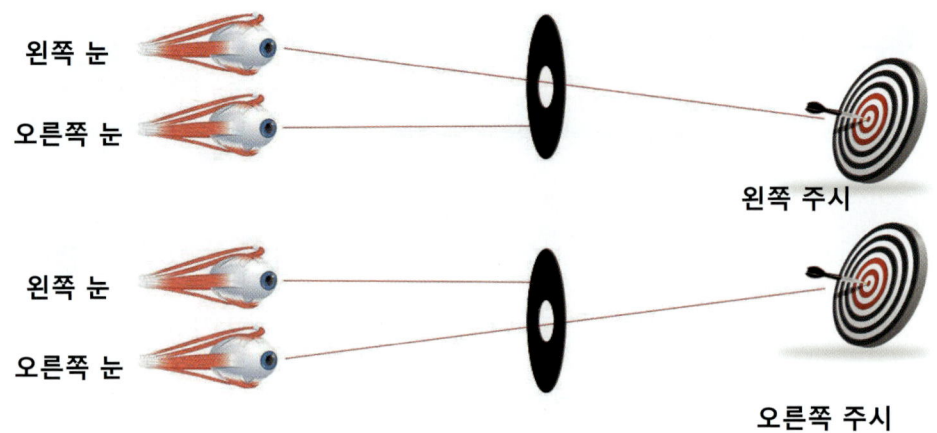

주시안은 양쪽 눈 중에서 주로 쓰는 쪽의 눈을 말한다. 오른쪽 주시안 골퍼는 샤프트가 뒤쪽으로 더 기울어지는 경향이 있는 반면, 왼쪽 주시안 골퍼는 샤프트가 앞쪽으로 더 기울어진다.

용어 주시안 : 오른쪽 눈이 주시안이면 오른눈잡이, 왼쪽 눈이 주시안이면 왼눈잡이라 함

　　주시안은 골퍼가 타깃을 볼 때 영향을 미친다. 오른쪽 눈은 종종 코 뒤에 가려져 있기 때문에, 타깃을 볼 때 무심코 오른쪽 눈으로 보기 위해 머리를 돌린다. 이로 인해 타깃의 실제 위치와 플레이어들이 생각하는 위치에 대한 지각 문제가 발생할 수 있다.

속도 조절(speed bias)

속도 조절은 홀의 넓이와 볼의 흔들림이 일어나는 시점을 좌우하며 볼을 보내고자 하는 조준점에 영향을 준다.

물체와 압력의 무게를 뇌로 전달하는 감각 정보와 손의 감각으로 그 움직임을 다 제어하는 것을 말한다. 무게는 실제로 뇌가 인식하지만, 퍼터의 스피드는 현재의 무게를 손 안에서의 느낌으로 압력 패턴을 바꾸는 경향이 있다. 무게는 타이밍의 자각을 바꾼다.

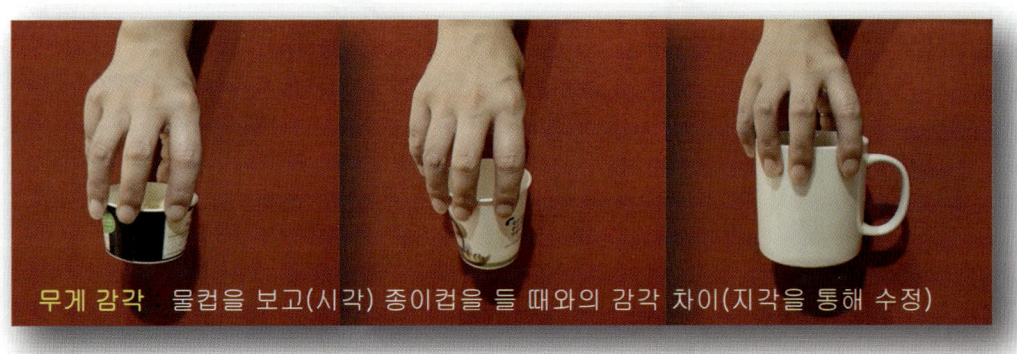

무게 감각   물컵을 보고(시각) 종이컵을 들 때와의 감각 차이(지각을 통해 수정)

홀의 조건 이해

홀 유효 넓이 10.8cm(4.25") : 정확한 홀인 스피드

홀의 조건을 이해하면 퍼팅의 기술 요인을 변화시켜 보다 좋은 결과를 얻을 수 있다. 유효 스피드 역학에 따르면 홀의 유효 넓이가 10.8cm이면 안정적으로 정확히 홀인(hole in)이 될 수 있다.

홀 유효 넓이 6.5cm : 0.3m 지나치는 스피드 　　　홀 유효 넓이 3.5cm : 0.9m 지나치는 스피드

　약 0.3m 지나치는 스피드로 공략했을 때 홀의 유효 넓이는 6.5cm로 비교적 안정적으로 홀인이 될 수 있다.

　약 0.9m 지나치는 스피드로 공략했을 때 홀의 유효 넓이는 3.5cm로 좁아지지만 홀인이 될 수 있다.

 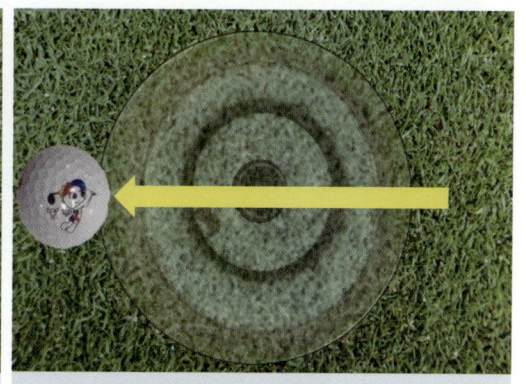

홀 유효 넓이 1.3cm : 1.5m 지나는 스피드 / 홀 유효 넓이 0 : 홀인이 안 됨

약 1.5m를 지나치는 스피드로 공략했을 때 홀의 유효 넓이는 1.53cm로 홀인이 될 수 있다. 그러나 약 2.5m를 지나치는 속도는 결코 볼을 홀에 넣을 수 없다. 이러한 속도를 길이로 환산했을 때, 홀을 지나치는 최대 유효 길이는 약 20cm를 넘어서는 안 된다.

❶ 홀에 정확히 떨어지는 스피드 : 홀의 유효 넓이 4.25″(10.8cm)

❷ 1피트(약 30cm) 지나치는 스피드 : 홀의 유효 넓이 2.6″(6.6cm)

❸ 3피트(약 90cm) 지나치는 스피드 : 홀의 유효 넓이 1.4″(3.5cm)

❹ 5피트(약 1.5m) 지나치는 스피드 : 홀의 유효 넓이 0.5″(1.3cm)

❺ 8피트(약 2.5m) 지나치는 스피드 : 홀의 유효 넓이 0

스탠스(stance)

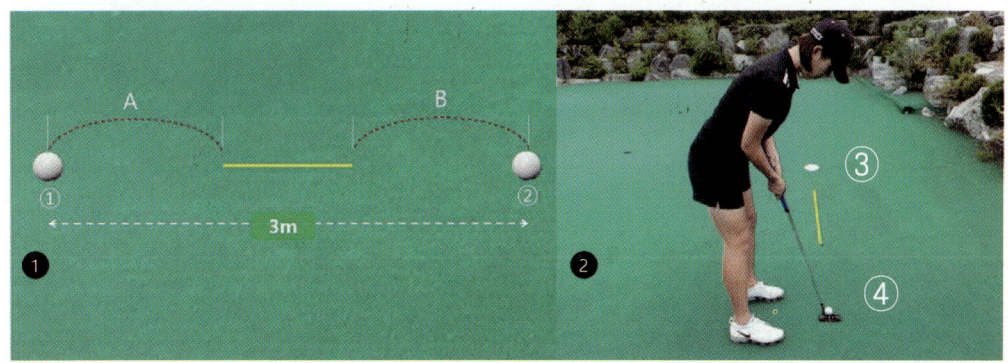

내 몸에 맞는 볼과 발의 간격을 찾는 방법은 다음과 같다.

- 사진 ❶처럼 볼 ①과 ②의 간격은 3m, 스틱을 정 가운데 놓는다.
- 스틱의 오른쪽과 왼쪽, A와 B 간격은 같아야 한다.
- 사진 ❷처럼 볼 ④에 스탠스를 잡은 다음 볼 ③에 에임을 한다.
- 스틱이 시각적으로 어떻게 보이는지 확인한다.

용어 스탠스(stance) : 스트로크를 위한 발의 자세(두 발의 위치나 벌린 폭)

- 스틱이 볼 ③ 밖으로 보였을 때 사진 ❸과 ❹처럼 볼과 발 사이가 먼 결과다. 이는 퍼터 움직임이 in-out-in의 결과를 초래하여 에임은 오른쪽을 향하고 볼 진행방향은 왼쪽으로 휘어서 굴러간다. 시각과 에임이 모두 맞지 않는 결과를 초래한다.

- 스틱이 볼 ③ 안으로 보였을 때 사진 ❺와 ❻처럼 볼과 발 사이의 간격이 너무 가까운 결과이다. 이는 백스윙이 out으로 출발하여 in으로 당기기 때문에 볼의 진행 방향이 일정하지 않다.

- 따라서 사진 ❼과 ❽처럼 스틱이 볼 ③ 방향으로 일직선으로 바르게 보여야 볼과 발의 사이의 스탠스를 적정하게 잡은 것이다.

볼의 위치

우측 주시   우측 주시   좌측 주시

퍼팅을 할 때에 주시안은 에임에 영향을 미친다. 우측 주시인 경우에 사진 ❶처럼 볼이 코 아래 또는 사진 ❷처럼 중앙과 왼쪽 가슴부위에 위치한다. 좌측 주시일 경우 사진 ❸처럼 볼이 왼쪽 눈 아래나 왼발 뒤꿈치에 위치한다. 자신의 주시안을 확인한 후 퍼팅 스탠스를 잡을 때에 볼의 위치도 달라져야 한다.

좌측 주시

좌측 주시 골퍼는 사진처럼 왼쪽으로 시선을 둔다. 볼의 위치는 보통 왼쪽 눈 밑에 두고 스트로크를 해야 올바른 경로로 볼이 진행한다.

우측 주시

　　우측 주시 골퍼는 사진처럼 오른쪽으로 시선을 둔다. 볼의 위치는 보통 코 아래 즉, 몸의 중앙에 두고 스트로크를 해야 올바른 경로로 볼이 진행한다.

주시안 확인 방법

  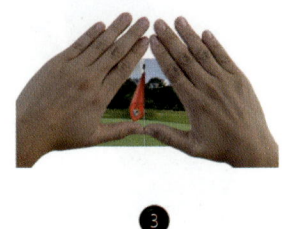

- 50m 정도의 고정된 물체(깃발, 나무 등)를 향해 선다.
- 사진 ❶, ❷처럼 두 팔을 뻗어 두 손으로 삼각형 공간을 만든다.
- 사진 ❸처럼 물체를 삼각형 속에 넣고 양쪽 눈으로 바라본다.
- 두 손을 고정한 채 왼쪽, 오른쪽 눈을 번갈아 감아본다.
- 양쪽 눈으로 보았을 때와 한 쪽 눈으로만 보았을 때 물체가 삼각형 속에 위치한다면 그쪽 눈이 자신의 주시안이다.

퍼터 스트로크(stroke)

퍼터 스트로크는 볼을 때려 홀에 넣도록 하는 동작이며, 페이스에 닿는 시간이 0.02초로 골프 스트로크 중 임팩트 시간이 가장 짧다.

퍼팅 스트로크를 할 때에 퍼터의 스피드를 조절하는 방법으로 백 스트로크(back stroke), 포워드 스트로크(forward stroke) 두 가지 타입의 방법으로 리니어(linear) 스트로크와 레디얼(radial) 스트로크가 있다. 선수는 위의 타입 중 어디에 속하는지 판단하는 것이 중요하며 스트로크 타입에 따라 거리감과 스피드가 결정되기 때문이다.

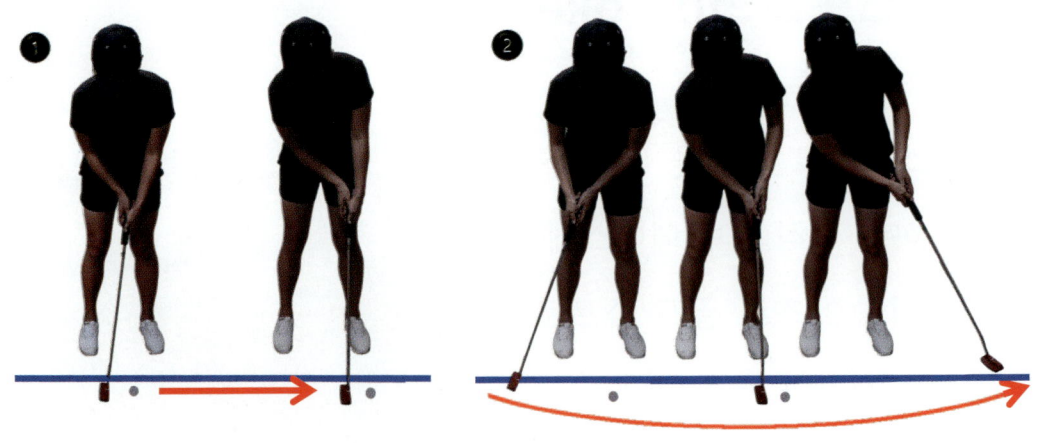

리니어 스트로크(linear stroke)   레디얼 스트로크(radial stroke)

❶리니어 스트로크는 직선형 타입이고, ❷레디얼 스트로크는 곡선형 타입이며, 2가지가 복합된 스트로크 타입도 있다. 스트로크 타입은 각각의 기술에 따라 페이스 회전에 상당한 영향을 미친다.

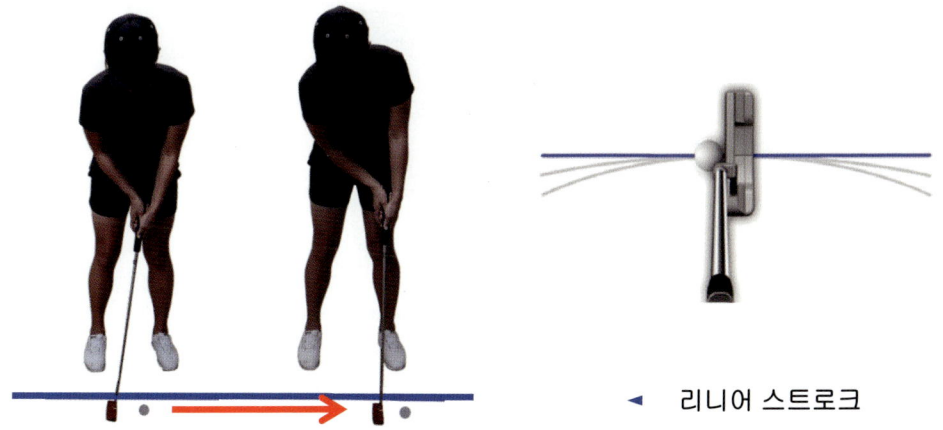

◀ 리니어 스트로크

　리니어 타입 스트로크의 중요 요인은 백 스트로크(backstroke)의 길이가 일정한 것이다. 이에 비해 폴로 스루(follow through) 길이는 길며, 페이스의 회전이 적다. 퍼팅 거리를 조절하기 위해서는 헤드 스피드의 비율을 변환시켜야 한다.

❖ 리니어 스트로크 형 골퍼 : Rory McIlroy, Phil Mickelson, Jack Nicklaus

레디얼 스트로크(radial stroke)

레디얼 타입 스트로크의 중요 요인은 일정 비율의 시간(time)으로, 이는 퍼터 헤드의 속도를 좌우한다. 백 스트로크(back stroke)와 포워드 스트로크(forward stroke)의 길이는 같으며, 스트로크 길이와 연관이 깊다. 레디얼 스트로크는 저점에서 최고의 스피드를 내고 임팩트 후에 일정하게 감속된다.

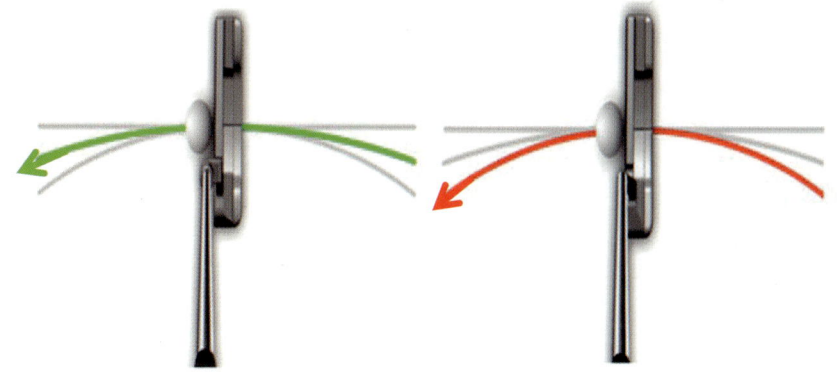

레디얼 스트로크(radial stroke)

레디얼 스트로크는 백 스트로크(back stroke)와 포워드 스트로크(forward stroke)의 길이가 같다. 퍼터는 무거운 헤드와 가벼운 그립을 사용했을 때 보다 나은 효과를 볼 수 있다.

❖ 레디얼 스트로크 형 골퍼 : Tiger woods, Luke Donald, Keegan Bradley

볼의 스피드 조절 요인

❶ 퍼터의 디자인 ❷ 스트로크 유형 ❸ 오프셋 ❹ 클럽헤드의 토크 ❺ 라이 각도

볼의 스피드 조절에 영향을 주는 요인은 다양하다. 퍼터의 디자인, 스트로크 유형, 라이 각도(lie angle), 오프셋(offset), 클럽헤드의 토크(torque), 관성모멘트(moment of inertia, MOI) 등이 영향을 준다.

카운터 웨이트(counter weight)   그립

퍼터 무게에 영향을 미치는 다른 요인으로는 헤드•샤프트•그립의 무게, 샤프트 굴곡성(shaft flex), 카운터 웨이트(counter weight) 등이 있다.

용어 카운터 웨이트: 균형추라고도 함. 퍼팅 속도에 맞춰 퍼터 안정을 위해 사용하는 중량

퍼터 디자인

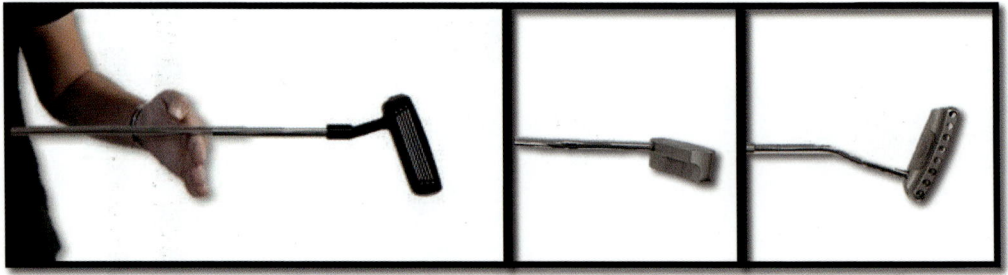

퍼터 디자인과 기하학적 모양은 정적 에임에 상당한 영향을 미치며, 에임 편향에 따라 스트로크 편향이 발생한다. 경사면에서의 움직임을 고려한 퍼터의 디자인은 페이스 열림 성향이 있어서, 스트로크를 큰 동작으로 할 때에 페이스를 많이 열고 회전하게 된다. 토우 다운(toe down)이나 스카이 밸런스를 수용하는 모든 퍼터 페이스는 모션 중에 열린 채 회전한다. 이 때문에 플레이어는 그린 평면에 토우를 스퀘어로 유지하기 위해 계속 스트로크를 조작해야 한다.

샤프트 카운터 웨이트(counter weight)

카운터 웨이터(균형추)

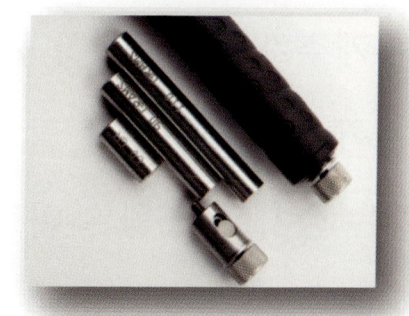
샤프트 내부 균형추

샤프트 카운터웨이트는 샤프트 속에 무게를 넣는 것을 말하며, 스트로크 동작에 크게 영향을 미친다. 이는 헤드 무게를 조정하는 가장 효과적인 방법으로, 퍼터의 밸런스 포인트(balance point)를 변경시키고, 스트로크 동작의 흐름(cadence)과 속도를 크게 변화시킨다.

손 아래 쪽의 내부 균형추는 헤드에 무게 추가 없이 무게감을 준다.

샤프트 안에 삽입된 무게추의 위치가 그립 아래쪽에 있으면 낮은 폴로 스루(follow through)를 만들어 내고, 그립 위쪽으로 무게추가 올라갈수록 높은 폴로 스루를 만들어 낸다. 카운터 무게추는 스트로크 할 때의 감각을 조절할 수 있도록 도와주는 장치로, 스윙 웨이트를 줄여주는 장점이 있다.

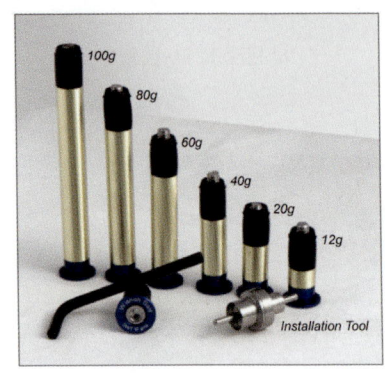

샤프트용 카운터 웨이트

퍼터용 카운터 웨이트

경로(path)

❖ 경로에 영향을 주는 요소

- 에임(Aim)
- 볼 포지션
- 토크(torque)
- 그린 읽기(reading)
- 볼 스피드
- 스트로크 타입
- 신체 정렬(body alignment)
- 주시안

- 그립 잡는 방법
- 경사면의 착시
- 퍼터의 그립과 헤드 무게
- 스탠스(stance) 폭
- 그립 사이즈
- 위팔과 아래팔의 차이
- 팔의 접힘 패턴
- 손목뼈의 구조

사분면(4 quadrants)

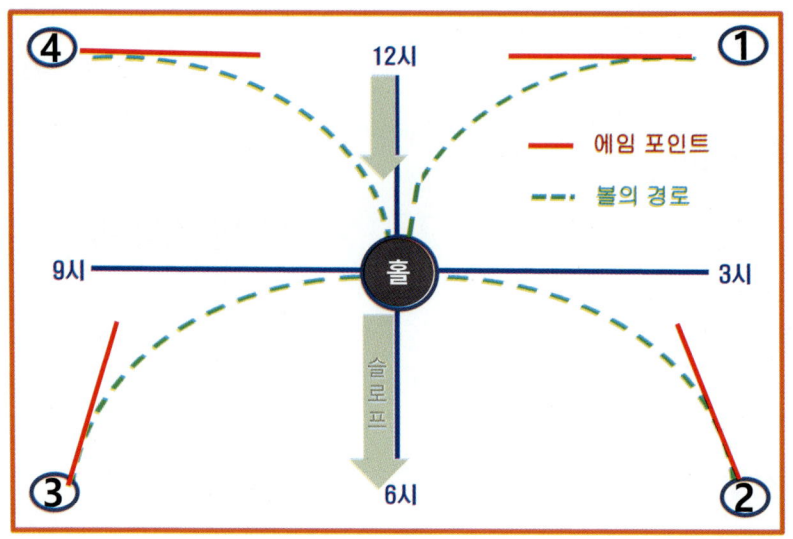

　그린의 사분면은 홀이 위치한 지형을 4개 평면으로 나눈 것이다. 그림에서 홀은 다운힐(downhill)에 위치해 ①, ④면은 내리막 퍼팅, ②와 ③면은 오르막 퍼팅을 한다. 에임 방향과 볼의 경로에 차이가 있다.

퍼팅은 그린 읽기 능력과 플레이어, 볼, 홀 사이에서 가장 중요한 변수이다. 퍼팅을 일관되게 하기 위해서는 정확한 겨냥, 겨냥 지점, 거리에 따른 스피드 제어, 볼의 경로 등에 대한 이해가 필요하다.

그린 경사 읽기

 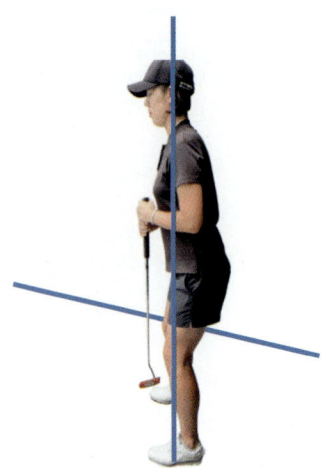

퍼터를 어렵게 만드는 요인 중 하나는 우리 몸이 경사진 그린에 어떻게 반응하냐 하는 것이다. 대부분의 신발은 뒷굽에서 발끝 방향으로 최대 2%의 경사를 이루고 있다. 경사에 따라 본능적으로 몸을 기울여서 자신이 평평한 곳에 있는 것 처럼 느낀다.

 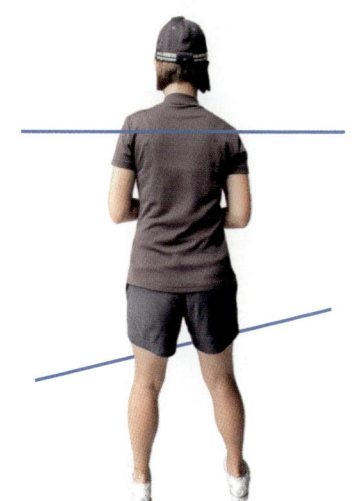

발끝이 낮고 뒷굽이 높은 경사에서는 경사가 심하다고 느낄 수 있다. 좌우 측면 오르막 경사가 2%인 경우에 우리 몸은 4%로 인식한다. 전체의 중심을 오른쪽에 두어 자신이 평평한 곳에 있는 것 처럼 느낀다.

왼쪽에서 오른쪽으로 기울어진 경사면에서 플레이어는 몸을 약간 왼쪽으로 기울인다. 반대로 오른쪽에서 왼쪽으로의 경사면에서는 몸을 오른쪽으로 기울여 자신이 평평한 곳에 있는 것 처럼 느낀다.

경사면에 대한 우리의 지각은 다운힐(downhill)보다 업힐(uphill)을 걸을 때 ❶과 ❷처럼 신체가 무게 중심을 바꾸어 반응을 하는데, 이 때도 사람마다 반응 정도가 다를 수 있다. 눈 평면의 변화는 에임 편향을 상당히 변화시킬 수 있기 때문에 보상이 필요하다.

발끝이 내리막일 경우 ❶, 홀이 왼쪽이 높고 오른쪽으로의 슬라이스 경사 ❷에서는 토업(toe up) 해서 퍼팅한다. 예를 들어 홀 왼쪽이 1도 높을 경우 ❷처럼 퍼터 토우를 2도 들어 퍼팅하면 볼이 중력과 토크의 영향을 완화시켜서 수평으로 이동하게 된다.

발끝 방향이 오르막이고 오른쪽에서 왼쪽으로 기울어진 숏퍼트를 스트레이트로 강하게 치는 방법을 선택했을 때, 퍼터 힐을 드는 방법 ❹를 사용하기도 한다. 미들 퍼트와 롱 퍼트의 경우에는 다양한 방법을 선택할 수 있다.

▶ 오른쪽 에이머(right aimer)는……

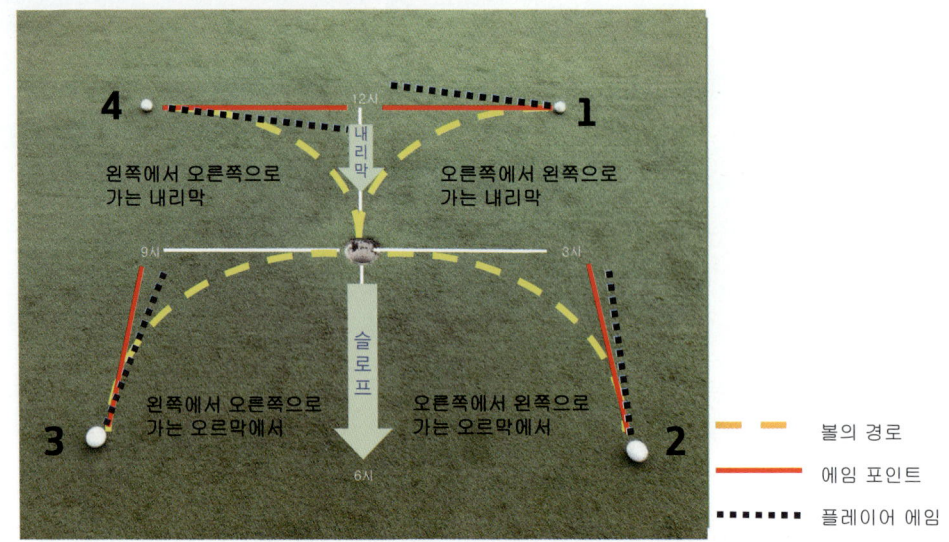

3 왼쪽에서 오른쪽으로 오르막인 경우 에임포인트(aim point) 보다 낮은 곳을 겨냥하기 때문에 스피드를 빠르게 스트로크 한다.

1 오른쪽에서 왼쪽으로 내리막인 경우 에임포인트(aim point) 보다 위쪽을 겨냥하기 때문에 스피드를 느리게 스트로크 한다.

➤ 오른쪽 에이머(right aimer)는……

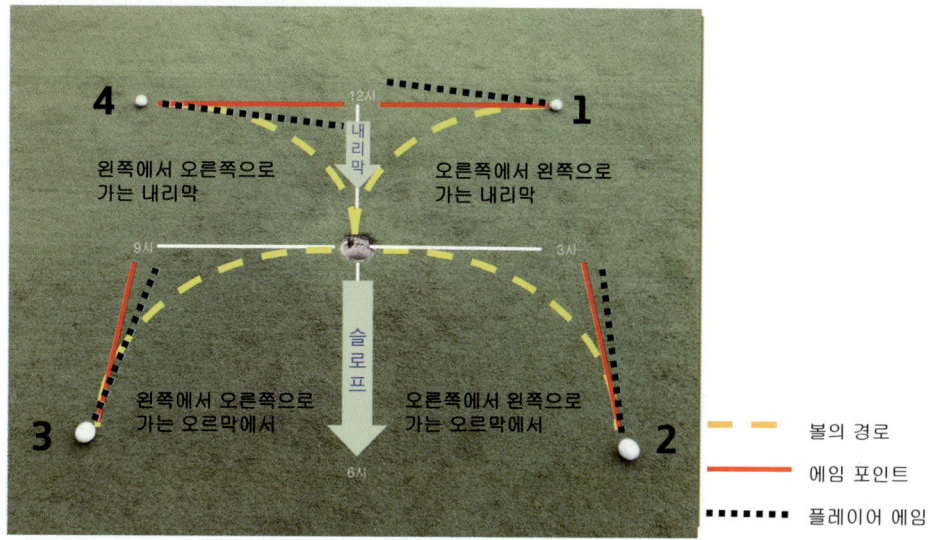

4 왼쪽에서 오른쪽으로 내리막인 경우 에임포인트(aim point) 보다 아래를 겨냥하기 때문에 볼의 경로를 바꿔야만 한다.

2 오른쪽에서 왼쪽으로 오르막인 경우 에임포인트(aim point) 보다 위쪽을 겨냥하기 때문에 볼의 경로를 바꿔야만 한다.

> ## 왼쪽 에이머(left aimer)는……

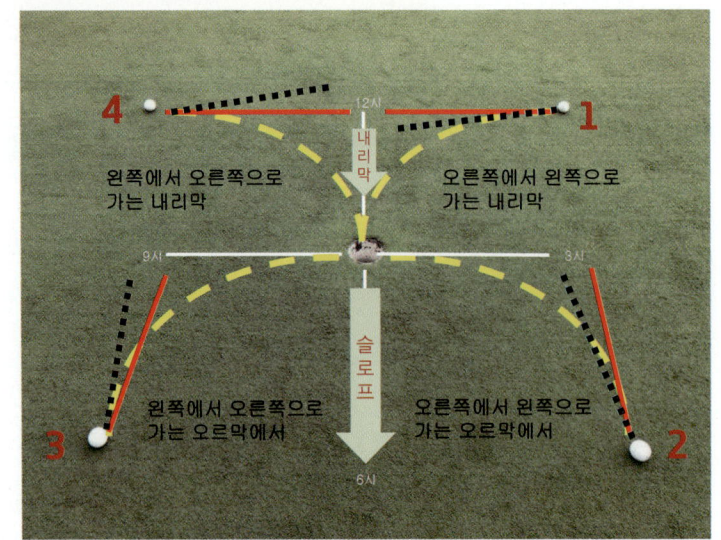

4 왼쪽에서 오른쪽으로 내리막인 경우 에임포인트(aim point) 보다 위쪽을 겨냥하기 때문에 스트로크를 느리게 한다.

2 오른쪽에서 왼쪽으로 오르막인 경우 에임포인트(aim point) 보다 위쪽을 겨냥하기 때문에 볼의 경로를 바꿔야만 한다.

> ## 왼쪽 에이머(left aimer)는……

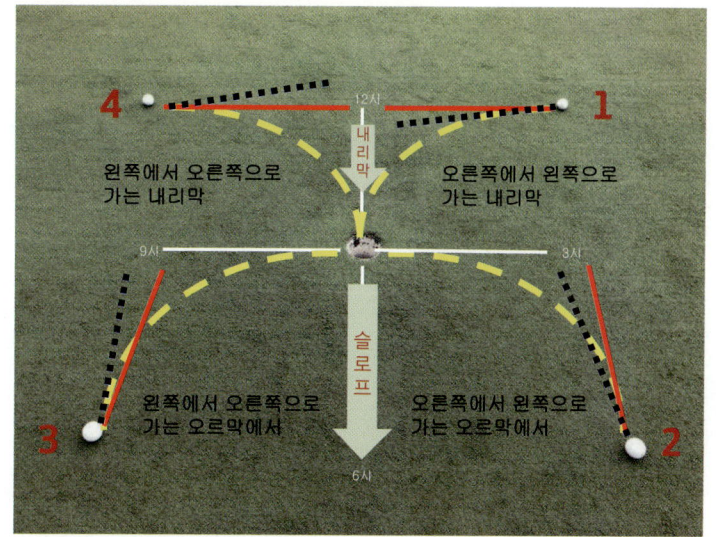

3 왼쪽에서 오른쪽으로 오르막인 경우 에임포인트(aim point)보다 위쪽을 겨냥하기 때문에 볼의 경로를 바꿔야만 한다.

1 오른쪽에서 왼쪽으로 오르막인 경우 에임포인트(aim point) 보다 위쪽을 겨냥하기 때문에 볼의 경로를 바꿔야만 한다.

그린 경사 측정 수평계 사용법

그린의 수평 또는 높낮이는 시각으로 확인할 때와 수평계를 사용해서 확인할 때가 다를 수 있다. 먼저 평평한 지면에서 테스트를 하고 좌/우로 스탠스를 취할 위치에서 테스트를 한다. 때때로 눈으로 봐서 생각했던 그린의 경사도와는 달리 차이를 나타낸다(❶과 ❷).

볼의 위치

볼 위치는 에임 포인트의 거리가 어느 정도인지를 판단하게 되고, 퍼터의 경로 또는 기울어진 평면을 기준으로 에임 방향에 얼마만큼 세게 미는지를 결정하는데(aim vectors) 직접적인 영향을 미친다. 그리고 볼 위치는 스트로크 각도, 로프트, 페이스 각도 등에 따라 볼의 방향과 빠르기에 결정적인 영향을 미친다.

퍼팅을 할 때에 볼 위치에 따라 두 가지 형태의 스핀이 생기는 경우가 있다. 훅 스핀(hook spin)을 만드는 요인은 로프트가 지나치게 크거나 퍼터를 앞으로 너무 높게 들어올리고 페이스를 너무 많이 닫는데 있다. 반대로 컷 스핀은 퍼터를 안쪽에서 바깥쪽으로 움직이거나 로프트가 보다 적기 때문에 발생한다.

❶ 볼이 몸 중심의 뒤쪽에 있으면 스트로크 각도가 바깥에서 아래쪽 치면서 오른쪽 벡터(vector)를 생성하므로 볼은 대부분 컷 스핀(cut spin)을 일으킨다.

❷ 볼이 몸 중심의 앞쪽이나 낮은 곳에 있을 때, 스트로크를 위쪽 및 안쪽으로 하여 왼쪽 벡터가 생성되어 훅 스핀(hook spin)이 생긴다.

용어 **벡터(vector)** : 퍼팅에서 스트로크의 방향과 세기의 정도를 의미함

퍼팅 셋업(putting set up)

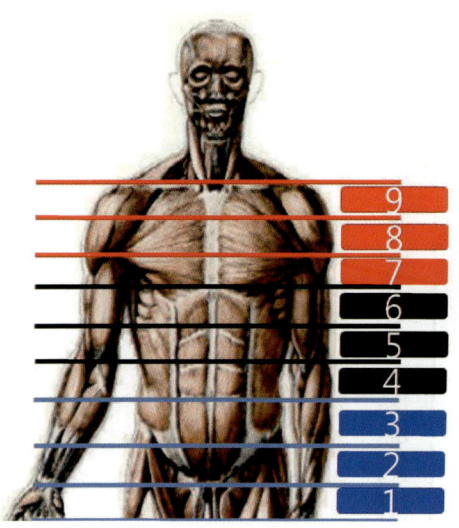

Upper Core (7, 8, 9): 명치부터 어깨선까지
- 팔을 많이 사용하는 골퍼
  (대부분의 남성)

Middle Core (4, 5, 6): 배꼽에서 명치 사이
- 여성: 미들~로우 코어 많음
- 남성: 미들~어퍼 코어 많음

Low Core (1, 2, 3) - 배꼽부터 골반까지
- 바디 스윙(대부분의 여성 골퍼)

골프의 자세를 유지하는데 가장 중요한 근육은 코어 근육(core muscle)이다. 이는 등, 복부, 엉덩이, 골반에 있는 근육으로 9개 구간 3개 코어 근육군(어퍼·미들· 로 코어)으로 나눌 수 있다. 골퍼마다 우세한 코어 근육이 다르며, 퍼팅 자세 또한 3개 코어와 관련이 있다.

퍼팅 셋업: 손의 구조

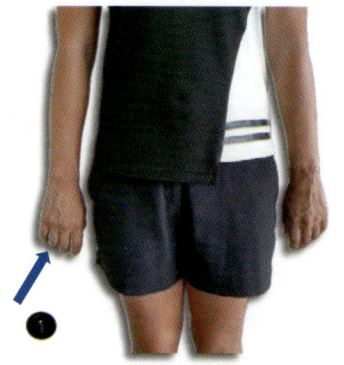

① 손등이 앞을 향한 경우　　② 손등이 옆을 향한 경우　　③ 손바닥이 앞을 향한 경우

　스탠스를 잡을 때 손의 구조에 따라 그립 잡는 손의 모양은 달라지는데, 자신에게 익숙하거나 편안한 자세를 생각해 볼 필요가 있다. 사진처럼 3가지 경우에 따라 그립 잡는 방법도 각각 달라진다.

손등이 앞을 향한 경우 그립 잡는 법

손등이 앞을 보고 있는 손의 구조는 사진 ❷와 같은 자세로 그립을 잡으며, 때로는 ❸처럼 집게 그립 혹은 핑거 그립(finger grip)을 잡아야 헤드가 올바른 경로로 다닌다.

손등이 옆을 향한 경우 그립 잡는 법

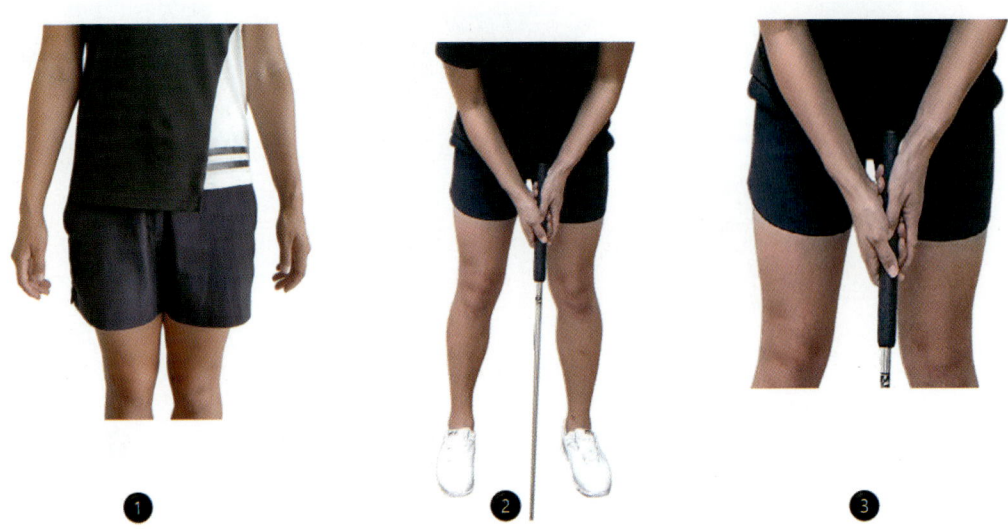

손등이 옆을 보고 있는 손의 구조는 사진 ❸처럼 그립을 잡아야 헤드가 올바른 경로로 다닌다.

손바닥이 앞을 향한 경우 그립 잡는 법

손바닥이 앞을 보고 있는 손의 구조는 사진 ❸처럼 그립을 잡아야 헤드가 올바른 경로로 다닌다.

코어와 얼라인먼트(alignment) 찾기

스틱 2개 중 하나를 바닥에 두고 다른 스틱은 벨트에 낀 후 스탠스를 취한다. 어드레스(address)를 한 후, 바닥과 허리의 스틱이 수평으로 바르게 정렬되면 그것이 자신의 코어이다.

① 바닥에 스틱을 둔다.

② 허리벨트에 스틱을 낀다.

③ 어드레스를 취한다.

④ 허리 스틱과 바닥의 스틱이 수평인지 확인한다.

⑤ 스틱이 수평이면 올바른 정렬이다.

> ### 코어 확인 방법

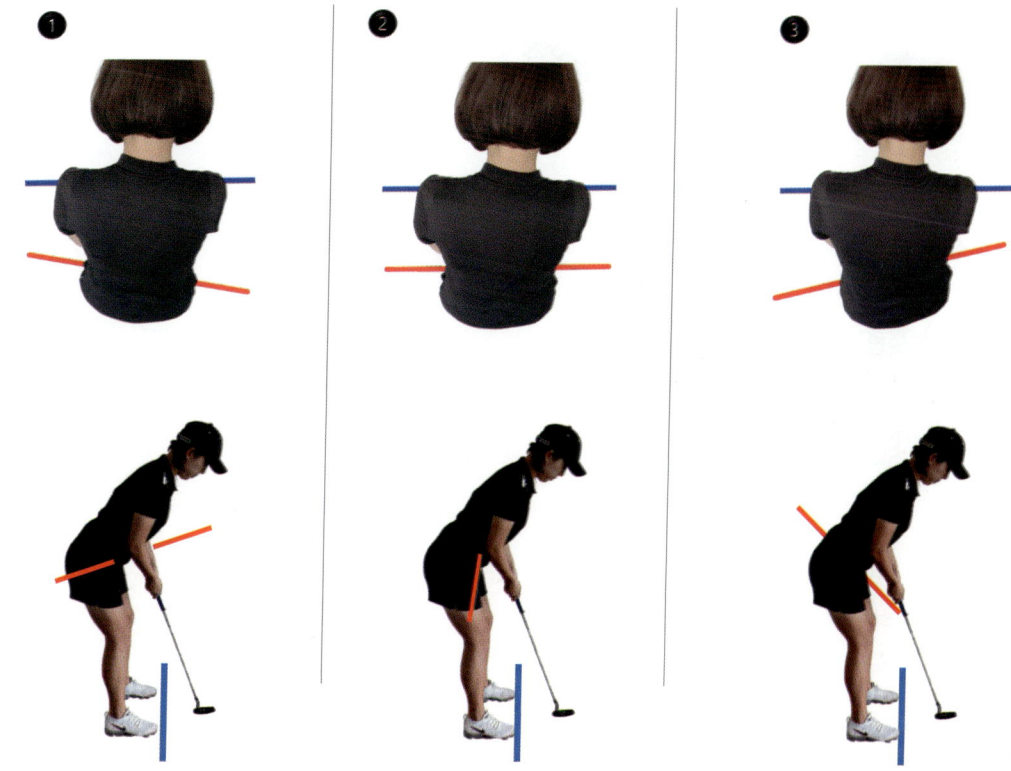

Part 01. 퍼팅(Putting)

▶ 셋업 순서로 코어 확인하기

A   Upper core

B   Middle core

C   Low core

　어퍼 코어(upper Core)는 먼저 서서 스탠스를 취하고, 허리를 숙인 다음에 무릎을 구부리는 순서로 어드레스를 한 후, 허리의 스틱과 바닥의 스틱이 수평이면 어퍼 코어이다.

미들 코어(middle core)는 먼저 서서 스탠스를 취하고, 허리와 무릎을 거의 동시에 구부려 어드레스를 한 후, 허리의 스틱과 바닥의 스틱이 수평이면 미들 코어이다.

① ② ③

　로 코어(low core)는 먼저 서서 스탠스를 취하고, 무릎을 구부린 후, 허리를 구부리는 순서로 어드레스를 한 후, 허리의 스틱과 바닥의 스틱이 수평이면 로 코어이다.

어퍼 코어(upper core)

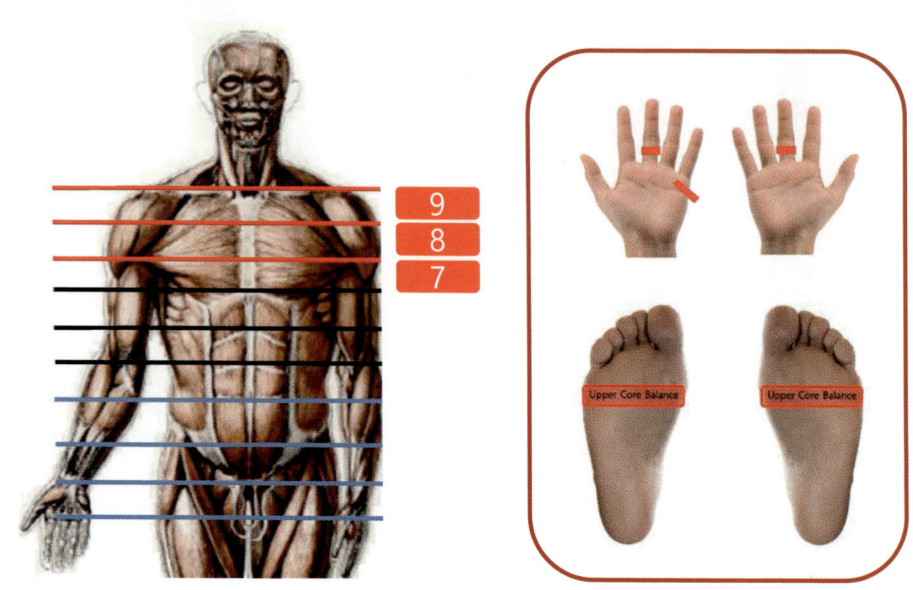

어퍼 코어의 그립 잡는 손의 위치와 발의 밸런스를 두는 위치

어퍼 코어의 셋업 순서

어퍼 코어의 셋업 순서는 아래와 같다.

❶ 스탠스를 취한다.   ❷ 상체를 숙인다.   ❸ 무릎을 구부린다.

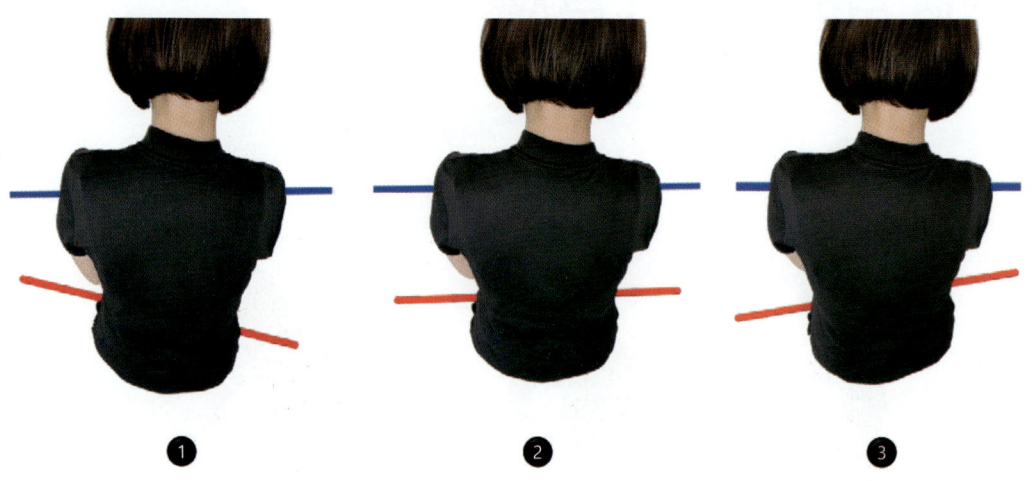

어퍼 코어(Upper Core)의 셋업 순서처럼 바르게 된 셋업은 사진 ❷처럼 얼라인먼트(alignment)가 바르게 되지만, 셋업 순서가 바뀔 때에는 사진 ❶과 ❸처럼 얼라인먼트가 틀어진다.

어퍼 코어 셋업의 종합적인 순서는 다음과 같다.

① 빨간 표시가 되어있는 부분에 그립이 오도록 잡는다.
② 손의 구조 모양대로 그립을 잡고 스탠스를 취한다.
③ 상체를 숙인 후 무릎을 구부린다.
④ 발바닥에 밸런스를 둔다.

미들 코어(middle core)

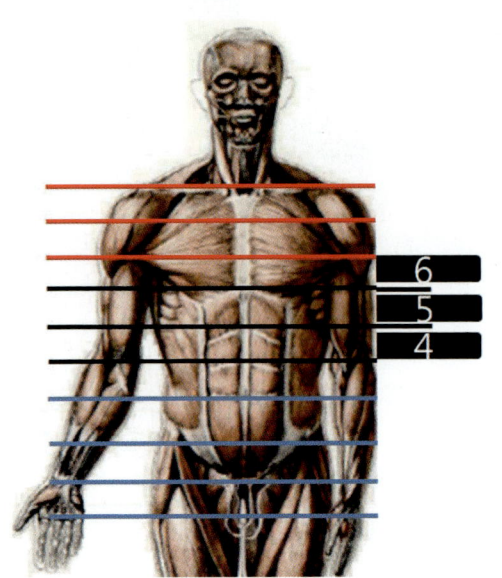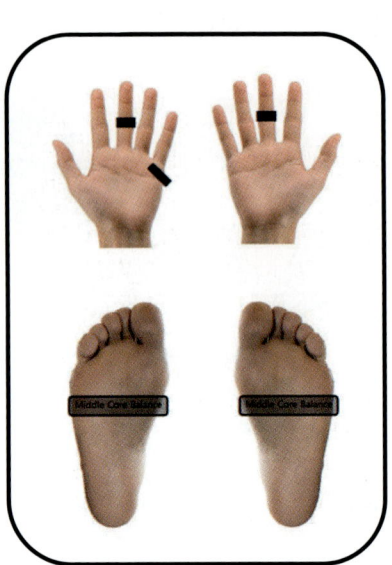

미들 코어의 그립 잡는 손의 위치와 발의 밸런스를 두는 위치

미들 코어의 셋업 순서

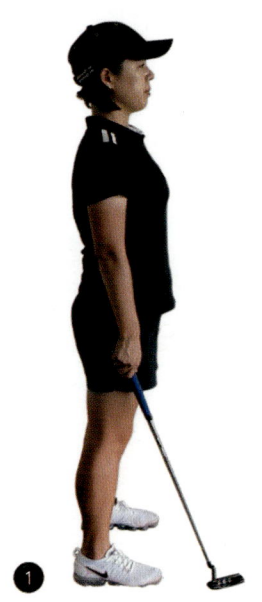 

미들 코어의 셋업 순서는 아래와 같다. 셋업 순서에 맞아야 얼라인먼트가 틀어지지 않는다.

❶ 스탠스를 취한다.　❷ 상체와 무릎을 동시에 구부린다.

미들 코어 셋업의 종합적인 순서는 다음과 같다.

① 검정 표시가 되어있는 부분에 그립이 오도록 잡는다.
② 손의 구조 모양대로 그립을 잡고 스탠스를 취한다.
③ 상체와 무릎을 동시에 구부린다.
④ 발바닥에 밸런스를 둔다.

로 코어(low core)

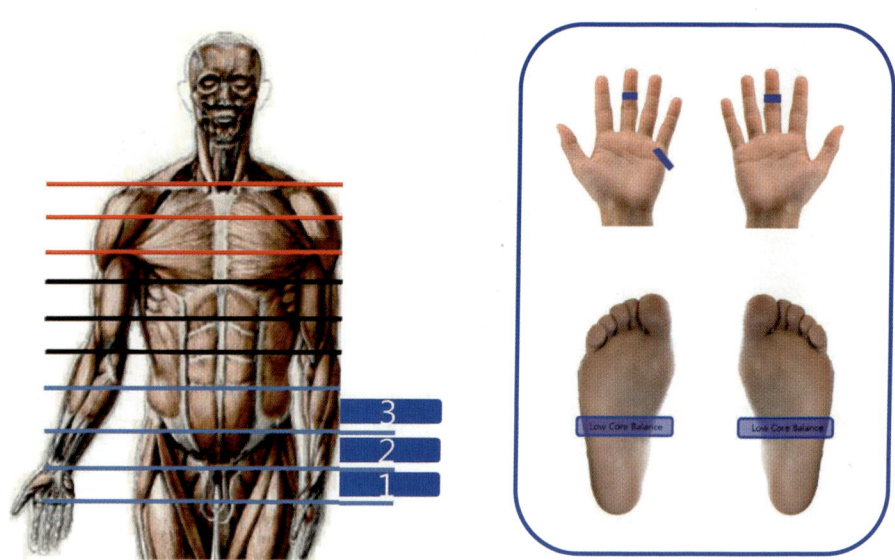

로 코어의 그립 잡는 손의 위치와 발의 밸런스를 두는 위치

로 코어의 셋업 순서

로 코어의 셋업 순서는 아래와 같다. 셋업 순서가 바뀔 때에는 얼라인먼트가 틀어진다.

❶ 스탠스를 취한다.　❷ 무릎을 구부린다.　❸ 상체를 숙인다.

로 코어 셋업의 종합적인 순서는 다음과 같다.

① 파란 표시가 되어있는 부분에 그립이 오도록 잡는다.
② 손의 구조 모양대로 그립을 잡고 스탠스를 취한다.
③ 무릎을 먼저 구부린 후 상체를 숙인다.
④ 발바닥에 밸런스를 둔다.

퍼팅은 지혜와 같아서, 어느 정도는 타고난 재능이고 일부는 축적된 경험입니다.

Arnold Palmer

몇 차례 퍼팅 한 볼이 연속해서 홀 컵 가장자리 닿고 들어가지 않을 때, 결코 그것이 퍼팅을 잘 하고 있다고 생각해서는 안 된다. 퍼팅을 잘할 때는 홀에 안 들어갈 경우는 생각 말고 홀의 어떤 부분으로 들어가느냐가 문제일 뿐이다.

Jack Nicklaus

퍼팅은 70%가 기술이고, 30%는 정신이다.

Mark James

스 윙
(Swing)

스윙의 내용

- ❖ 스윙(swing)·밸런스·스윙의 관계
- ❖ 스윙 셋업 : 손의 구조
  - ◆ 손등이 앞을 향한 경우 그립 잡는 법
  - ◆ 손등이 옆을 향한 경우 그립 잡는 법
  - ◆ 손바닥이 앞을 향한 경우 그립 잡는 법
- ❖ 중심축 코어 찾기
- ❖ 어퍼 코어(upper core)
- ❖ 어퍼 코어의 셋업
- ❖ 미들 코어(middle core)
- ❖ 미들 코어의 셋업
- ❖ 로 코어(low core)
- ❖ 로 코어의 셋업
- ❖ 탑 위치 찾는 스윙 방법
- ❖ 자연스런 오른손 동작 찾기
- ❖ 손등 방향과 스윙 궤도의 변화
  - ◆ 손등이 앞을 향한 경우 그립 잡는 법
  - ◆ 코어 별 온탑(on top)의 스윙 궤도
  - ◆ 온 탑의 스윙 궤도
  - ◆ 손등이 옆을 향한 경우 그립 잡는 법
  - ◆ 코어 별 사이드 온의 스윙 궤도
  - ◆ 사이드 온(side on)의 스윙 궤도
  - ◆ 손바닥이 앞을 향한 경우 그립 잡는 법
  - ◆ 코어별 언더의 스윙 궤도
  - ◆ 언더의 스윙 궤도
- ❖ 코어 확인하기
  - ◆ 코어 확인 방법
  - ◆ 셋업 순서로 코어 확인하기
- ❖ 탑 위치 탐색 신체 측정방법
- ❖ 스윙 플레인(swing plane) 찾기
  - ◆ 신장보다 팔이 긴 경우
  - ◆ 신장과 팔이 같은 경우
  - ◆ 신장보다 팔이 짧은 경우
- ❖ 팔 길이 측정
  - ◆ 팔 길이에 따른 스틱 위치 두기
  - ◆ 신체 구조에 맞는 탑 위치 찾기
  - ◆ 팔 길이가 같은 경우
  - ◆ 위·아래팔 길이 같은 다운 스윙 궤도
  - ◆ 위팔보다 아래팔이 약 2cm 짧은 경우
  - ◆ 아래팔이 짧은 다운 스윙 궤도
  - ◆ 위팔보다 아래팔이 2cm 길 때 탑의 위치
  - ◆ 아래팔이 긴 경우의 다운 스윙 궤도

스윙(swing)

어드레스　테이크어웨이　하프스윙　탑스윙　다운스윙　임팩트　폴로스루　피니시

골프 스윙은 클럽으로 정지한 볼을 치는 동작이다. 이 과정은 클럽의 스윙, 헤드로 볼의 타격, 볼의 비행 등 세 가지로 이루어진다.

　스윙 동작의 단계는 어드레스(address), 테이크어웨이(take away), 하프스윙(half swing), 탑스윙(top swing), 다운스윙(down swing), 임팩트(impact), 폴로스루(follow through), 피니시(finish) 등 8단계로 나뉘는데, 지도자는 구간 동작이 자연스럽게 연결될 수 있게 지도한다.

코어 근육 · 밸런스 · 스윙의 관계

코어(core, 몸통근육)는 배꼽부터 어깨선까지의 몸통 근육을 말하며, 골프 운동에서 파워를 생성하는 부위이다.

밸런스(balance)는 스윙 시 골퍼가 위치한 지면 상황에 몸이 적응하는 과정을 말한다.

Dr. Wright는 골퍼에게 요구되는 코어 근육을 9개 구간, 상·중·하 3개 그룹으로 분류하여, 스트로크(stroke)할 때 양쪽 발바닥에 실리는 체중의 배분 비율을 제시하였다.

코어 근육과 발 밸런스 배분의 그림에서 3부위의 명칭은 Upper Core(7,8,9), Middle Core(4,5,6), Low Core(1,2,3)이다.

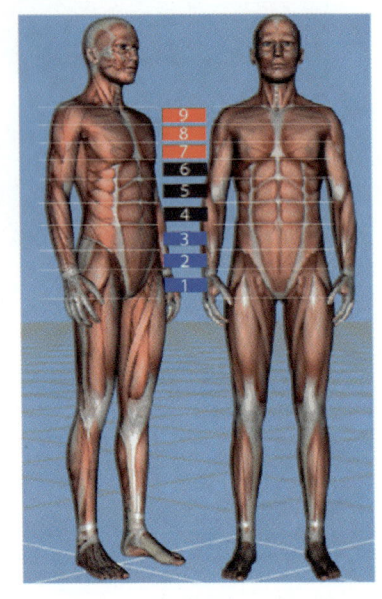

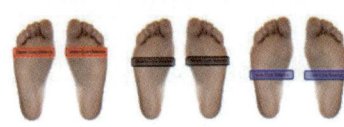

upper core   middle core   low core

스윙 셋업 : 손의 구조

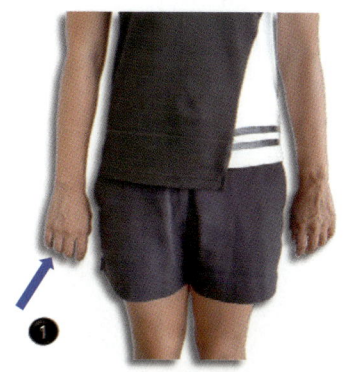
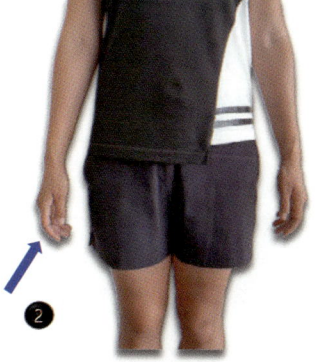
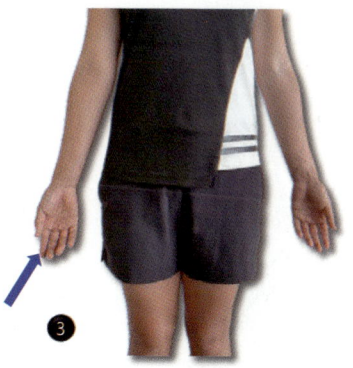

손등이 앞을 향한 경우   손등이 옆을 향한 경우   손바닥이 앞을 향한 경우

그립을 잡을 때 손의 구조는 여러 가지 모양인데, 자신에게 익숙하거나 편안한 방법을 생각해 볼 필요가 있다. 위 사진처럼 세 가지 경우에 따라 그립 잡는 방법도 각각 달라진다.

✓ 손등이 앞을 향한 경우 그립 잡는 법

손등이 앞을 향한 손의 구조는 ❸처럼 그립을 잡아야 헤드가 올바른 경로로 다닌다.

✓ 손등이 옆을 향한 경우 그립 잡는 법

❶

❷

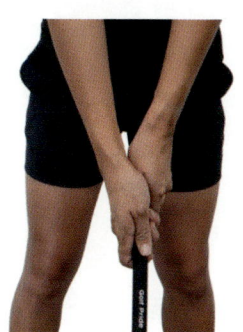
❸

손등이 옆을 향한 손의 구조는 ❸처럼 그립을 잡아야 헤드가 올바른 경로로 다닌다.

✓ 손바닥이 앞을 향한 경우 그립 잡는 법

손바닥이 앞을 향한 손의 구조는 ❸처럼 그립을 잡아야 헤드가 올바른 경로로 다닌다.

중심축 코어 찾기

왼발을 축으로   두발을 모으고   오른발을 축으로

스윙할 때에 체중을 싣는 발의 위치를 세가지로 바꿔서 스윙 스피드가 가장 빠른 자세가 어느 방법인지 테스트한다.

왼발을 축으로 스윙하기

왼발을 앞쪽에 딛고 스윙을 할 때 헤드 스피드가 가장 빠른 골퍼는 중심축이 왼쪽에 가깝다. (예: 왼발 **7** : 오른발 3)

두발을 모으고 스윙하기

두발을 모으고 스윙을 할 때 헤드 스피드가 가장 빠른 골퍼는 중심 축이 중앙에 가깝다. (예: 왼발 **6** : 오른발 4)

오른발을 축으로 스윙하기

오른발을 앞쪽에 딛고 스윙할 때 헤드 스피드가 가장 빠른 골퍼는 중심축이 오른쪽에 가깝다. (예: 왼발 3 : 오른발 7)

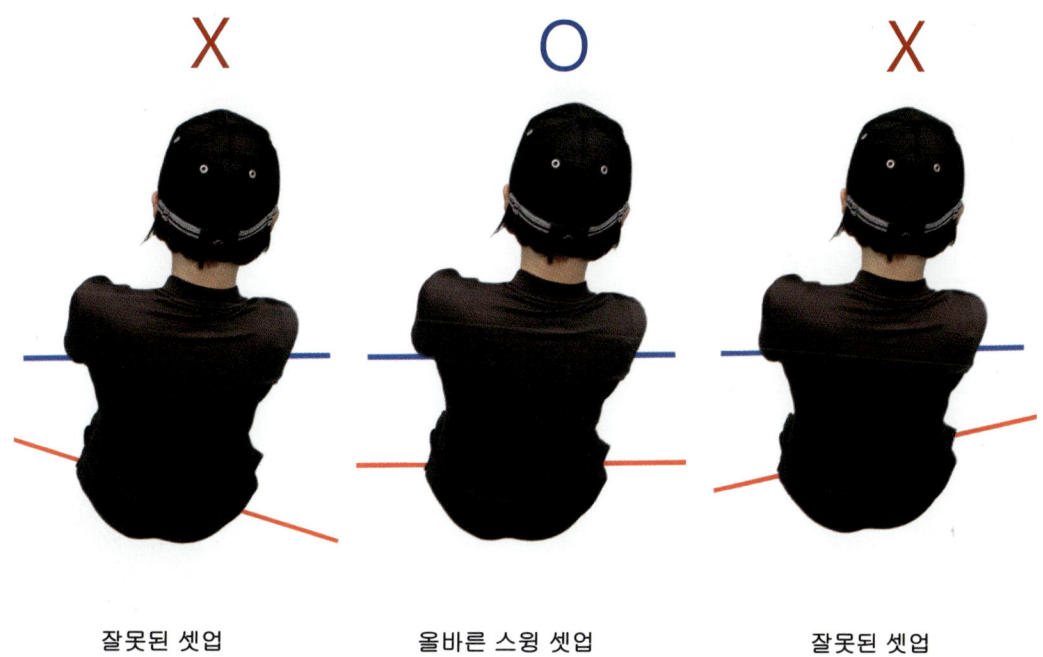

잘못된 셋업 　　　　　올바른 스윙 셋업 　　　　　잘못된 셋업

스윙을 할 때에 순서에 맞게 셋업을 하면 얼라인먼트(alignment)가 바르게 되지만, 셋업 순서가 바뀔 때에는 얼라인먼트가 틀어진다.

어퍼 코어(upper core)

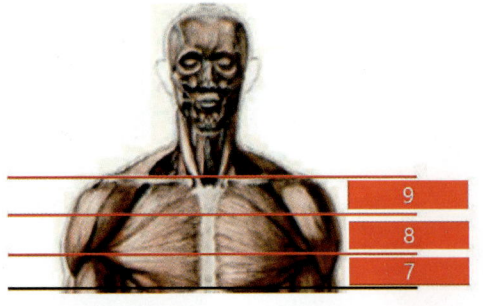

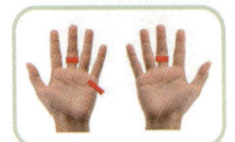 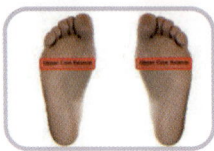

스윙은 어깨 폭 이내의 가장 좁은 스탠스, 최소한의 샤프트 기울임, 앞쪽의 볼 포지션 등이 특징이다. 밸런스는 어드레스와 스윙 시 앞꿈치에 두며, 파워는 회전력과 수직 지면 반력을 이용한다.

어퍼 코어 선수: Patrick Reed, Martin Kaymer, Phil Mickleson, Laura Davies 등

어퍼 코어(upper core)의 셋업

어퍼 코어 셋업 순서는 다음과 같다.

❶ 빨간 표시가 되어있는 부분에 그립이 오도록 잡는다.
❷ 손의 구조 모양대로 그립을 잡고 스탠스를 취한다.
❸ 상체를 숙인 후 무릎을 구부린다.   ❹ 발바닥에 밸런스를 둔다.

- **어퍼 코어**의 종합적인 셋업 순서

① 그립을 잡고 스탠스를 취한다.　② 상체를 숙인다.

③ 무릎을 구부린다.　④ 표시되어 있는 위치에 밸런스를 둔다.

미들 코어(middle core)

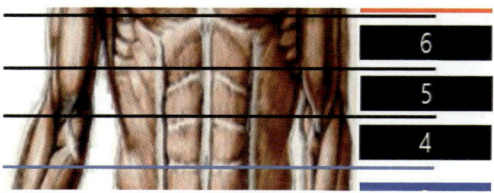

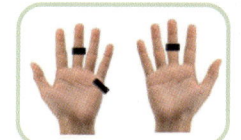 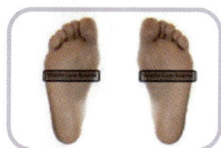

스윙은 표본이며, 스탠스 폭과 샤프트 기울기는 어퍼와 로 코어의 중간으로 스탠스는 겨드랑이 안쪽이고 볼은 중앙 앞쪽이다. 밸런스는 어퍼와 로 코어의 중간으로, 스윙시 파워는 체중 이동, 몸통 회전, 수직 지면 반력 등을 이용한다.

발 모으고 스윙

미들 코어 선수: Adam Scott, Jon Rahm, Jason Day, Ernie Els, Justin Thomas 등

미들 코어의 셋업

미들 코어 셋업의 순서는 다음과 같다.

❶ **검정** 표시가 되어있는 부분에 그립이 오도록 잡는다.
❷ 손의 구조 모양대로 그립을 잡고 스탠스를 취한다.
❸ 상체와 무릎을 동시에 구부린다.   ❹ 발바닥에 밸런스를 둔다.

- 미들 코어의 종합적인 셋업 순서

❶ 그립을 잡고 스텐스를 취한다. ❷ 상체와 무릎을 동시에 구부린다.

❸ 표시되어 있는 위치에 밸런스를 둔다.

로 코어(low core)

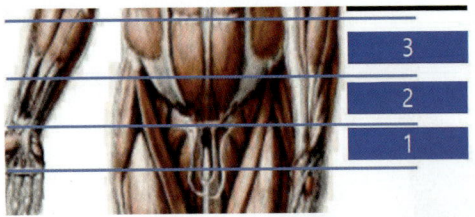
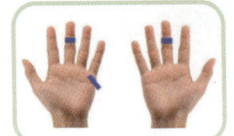
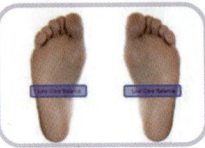

> 몸통 스윙을 하며, 강한 그립, 큰 샤프트 기울임, 어드레스(address)에서 어깨를 많이 기울이고, 볼은 중앙 앞쪽이다. 스윙 시 파워는 수직지면 반력을 최소화 하고 체중 이동과 회전력 등을 이용한다.

로 코어 선수: Johnson, Spieth, Paula Creamer 등

왼발 앞에 딛고 스윙

로 코어의 셋업

로 코어 셋업의 순서는 다음과 같다.

❶ 파란 표시가 되어있는 부분에 그립이 오도록 잡는다.

❷ 손의 자세 모양대로 그립을 잡은 다음 스탠스를 취한다.

❸ 무릎을 먼저 굽힌 후 상체를 숙인다.   ❹ 발바닥에 밸런스를 둔다.

- 로 코어의 종합적인 셋업 순서

❶ 그립을 잡고 스탠스를 취한다.　❷ 무릎을 구부린다.

❸ 상체를 숙인다.　❹ 발바닥에 표시되어있는 위치에 밸런스를 둔다.

탑 위치 찾는 스윙 방법

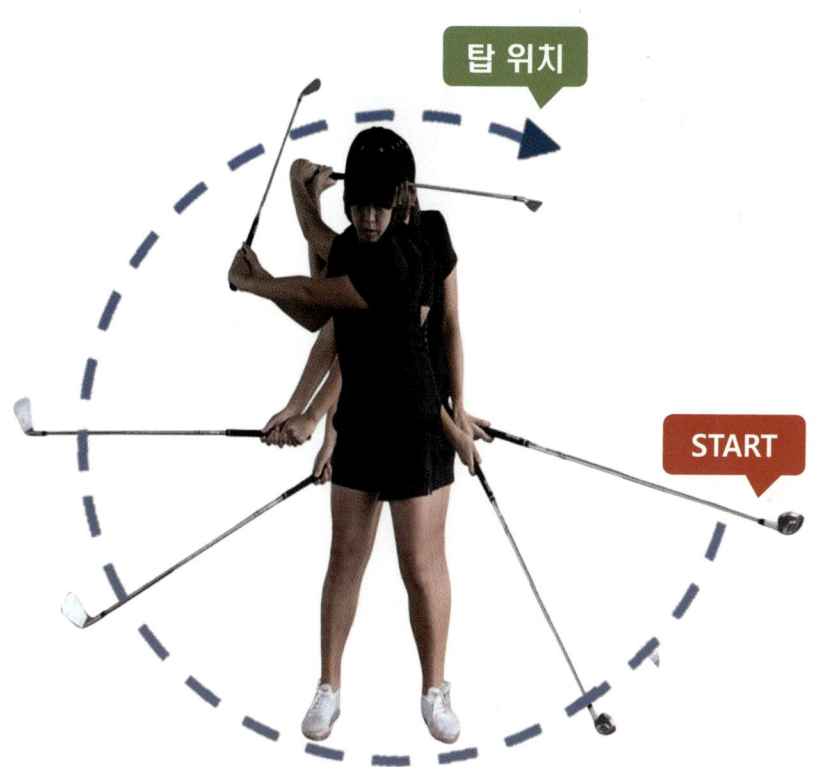

자연스런 오른손 동작 찾기

- ❶ 처럼 두 손을 겹쳐 모은 채로 어드레스 한다.
- 하프 스윙 정도로 백스윙을 한다.
- 오른손의 위치와 방향을 확인한다.

손등 방향과 스윙 궤도 변화

- ❶처럼 손등이 하늘을 향한 경우는 온 탑 (on top)
- ❷처럼 손등이 앞을 향한 경우는 사이드 온(side on)
- ❸처럼 손등이 바닥을 향한 경우는 언더(under)라고 한다.
- 손등의 방향에 따라 다양한 백스윙 및 다운 스윙의 궤도가 나온다.

❖ 손등이 앞을 향한 경우 그립 잡는 법

❶ 손등이 앞을 향한 경우   ❷ 손등이 하늘을 향한 경우   ❸ 그립을 잡았을 때

손등이 앞을 향한 손의 구조는 ❸과 같이 그립을 잡아야 헤드가 일정한 궤도를 유지하며 움직인다.

❖ 코어 별 온 탑의 스윙 궤도

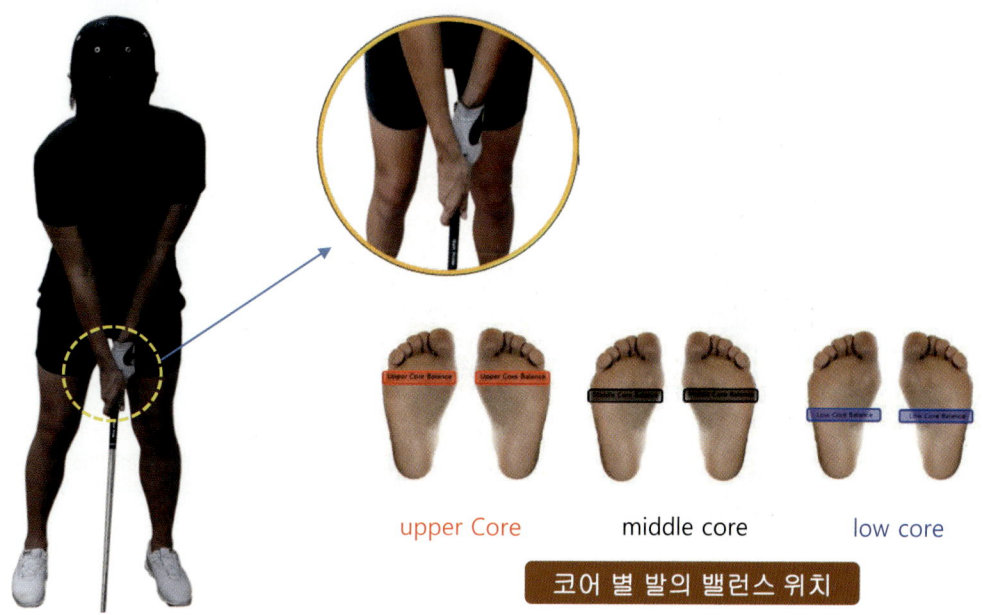

- 어드레스(address)를 취한다. 발의 밸런스는 양발에 위치한다.

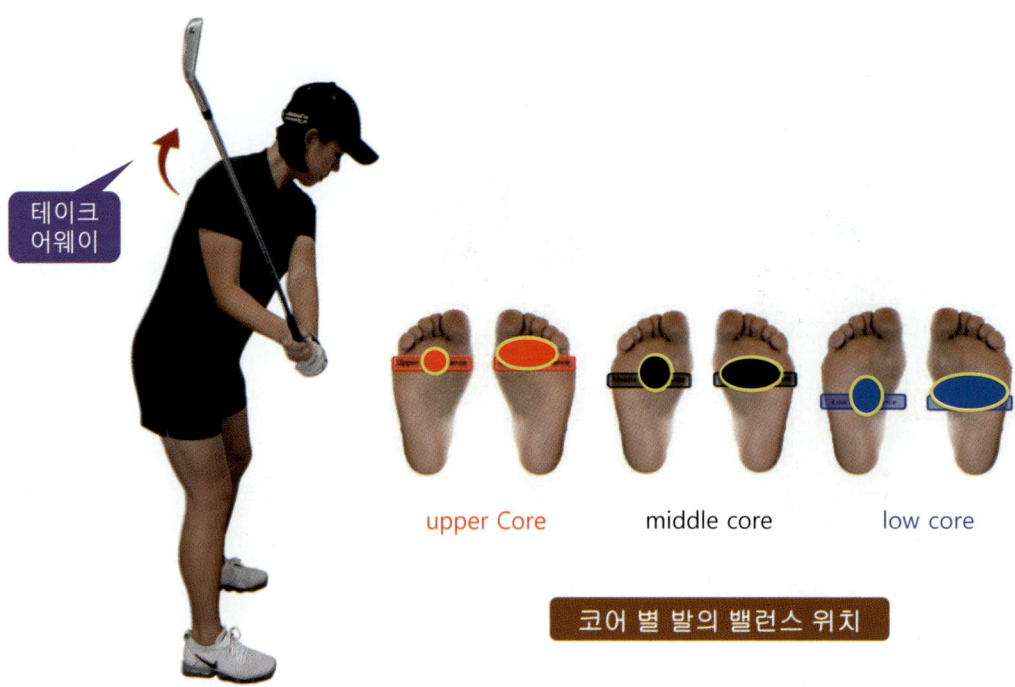

- 클럽을 테이크 어웨이(take away) 할 때에 샤프트는 어깨라인으로 향하며 밸런스는 왼발 4 : 오른발 6 정도 배분한다.

코어 별 발의 밸런스 위치

- 클럽의 탑은 어깨 위로 향하며, 탑 위치에서의 발의 밸런스 비중은 왼발 2 : 오른발 8 정도로 배분한다.

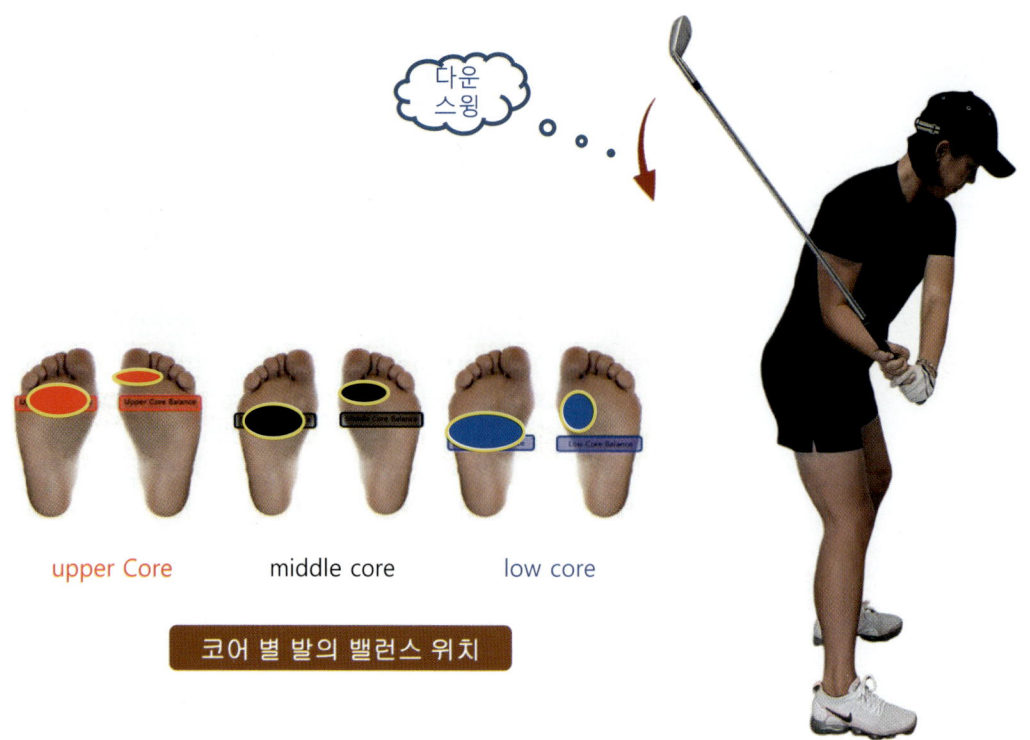

- 다운 스윙에서는 발의 밸런스는 코어 별로 양발에 배분한다.

코어 별 발의 밸런스 위치

임팩트 위치에서의 발의 밸런스는 코어별로 다르며, 스윙을 할 때에 밸런스는 왼발과 오른발에 일정 비율로 배분한다.

임팩트에 이어서 이루어지는 클럽의 폴로 스루는 타깃 라인보다 왼쪽으로 향한다. 이때 양발의 밸런스는 코어 별로 차이가 있다.

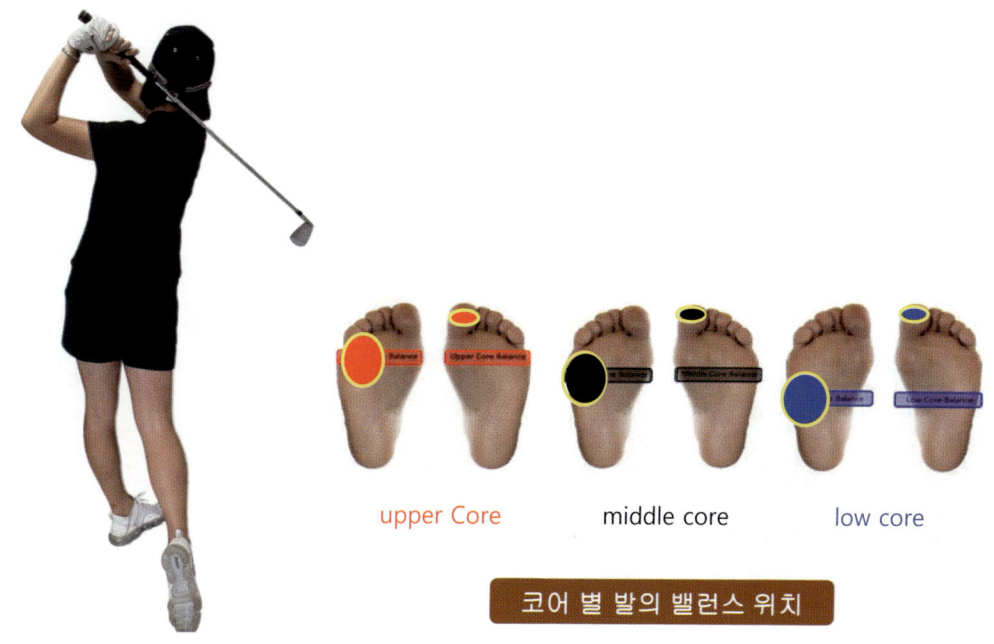

피니시(fnish) 단계에서의 발의 밸런스 비중은 세가지 코어 모두가 왼발 9 : 오른발 1로 양발에 배분한다.

❖ 온 탑(on top)의 스윙 궤도

❖ 손등이 옆을 향한 경우 그립 잡는 법

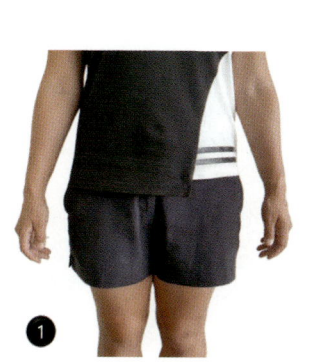  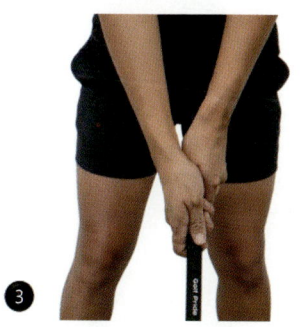

① 손등이 옆으로 향한 경우   ② 손바닥이 앞을 향한 경우   ③ 그립을 잡았을 때의 손 모양

손등이 옆으로 향한 손의 구조는 ❸과 같이 그립을 잡아야 헤드가 흔들리지 않고 원형 운동을 한다.

❖ 코어 별 사이드 온의 스윙 궤도

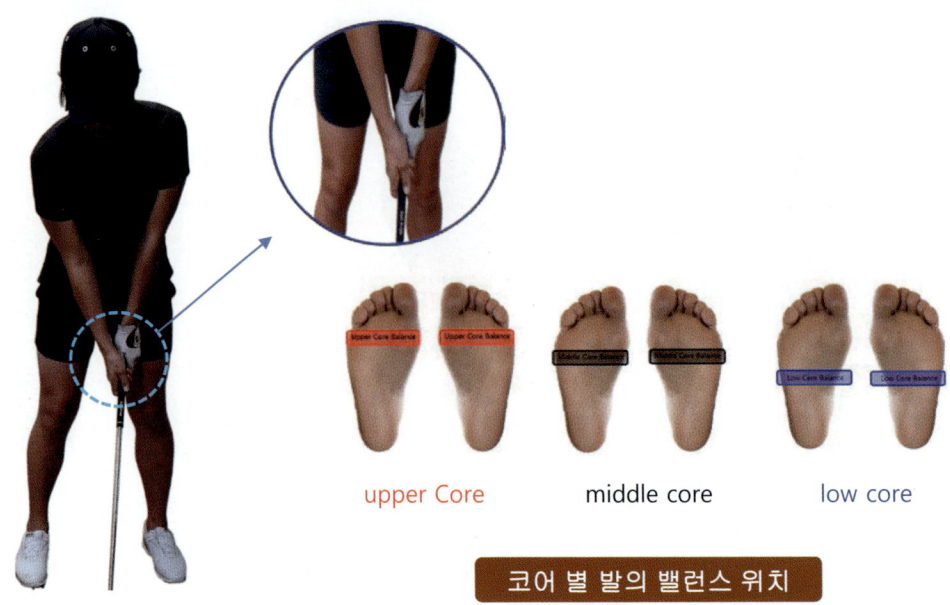

upper Core   middle core   low core

코어 별 발의 밸런스 위치

어드레스를 취한다. 밸런스 비중은 일정 비율로 양발에 배분한다.

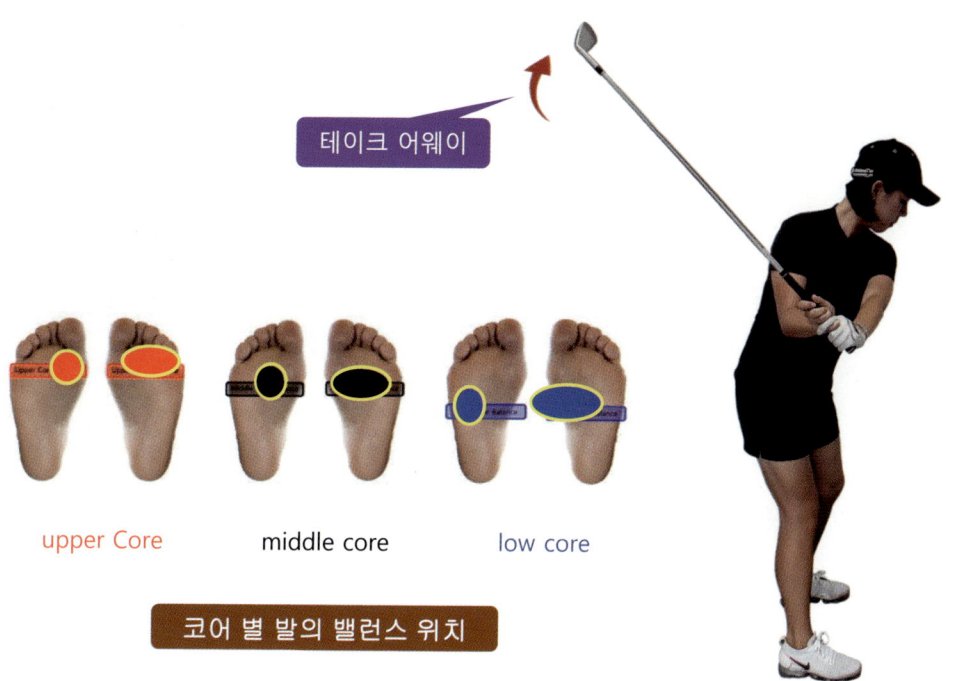

클럽을 테이크 어웨이 한 상태에서 발의 밸런스 비중은 왼발 4 : 오른발 6 정도로 배분한다.

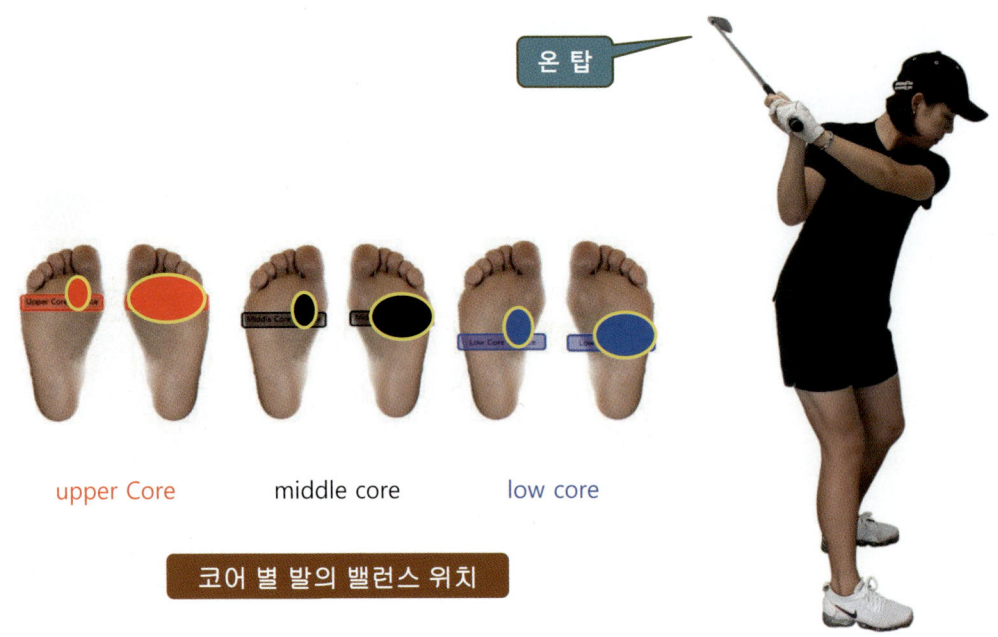

upper Core   middle core   low core

코어 별 발의 밸런스 위치

탑에서 클럽은 어깨 높이로 향하며, 발의 밸런스는 코어 별로 약간의 차이가 있고 배분 비중은 왼발 2 : 오른발 8 정도로 한다.

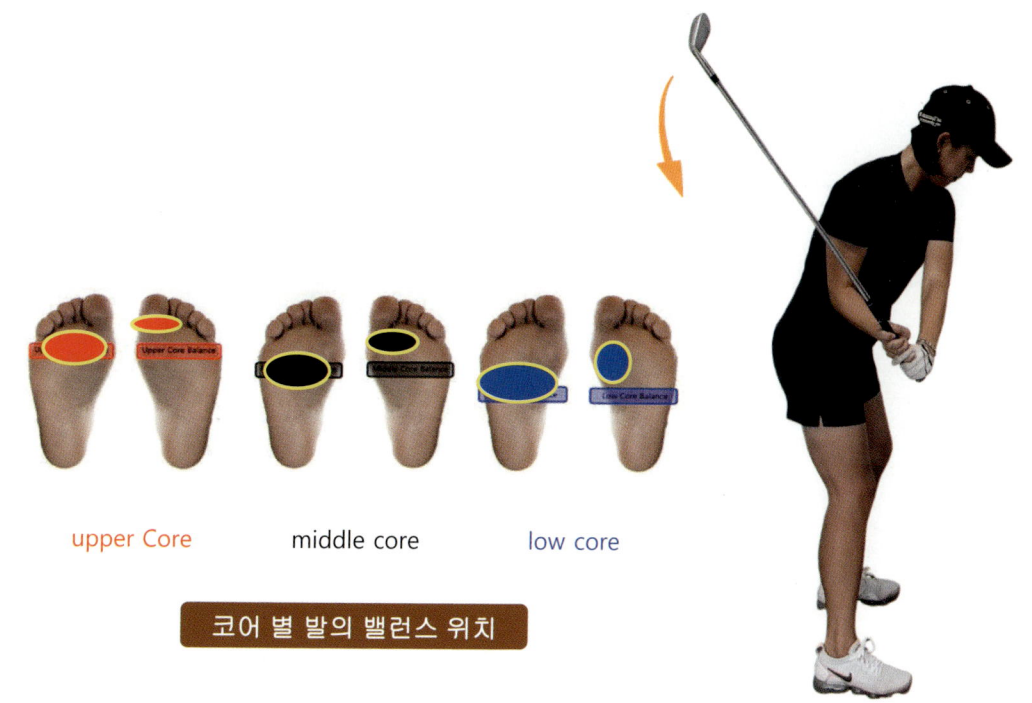

upper Core   middle core   low core

코어 별 발의 밸런스 위치

다운 스윙은 어깨 높이에서 아래로 향하며, 밸런스의 비중은 코어 별로 조금 차이가 있지만 왼발 8 : 오른발 2 정도로 배분한다.

upper Core middle core low core

코어 별 발의 밸런스 위치

임팩트 순간의 발의 밸런스는 그림처럼 코어 별로 양발에 배분한다.

코어 별 발의 밸런스 위치

폴로스루 단계에서의 클럽은 타깃 방향으로 움직이는데, 코어 별로 발의 밸런스의 비중은 그림처럼 양발에 배분한다.

upper Core   middle core   low core

코어 별 발의 밸런스 위치

피니시 단계에서의 발의 밸런스 비중은 코어 별로 비슷하게 왼발 9 : 오른발 1로 양발에 배분한다.

❖ 사이드 온(side on)의 스윙궤도

❖ 손바닥이 앞을 향한 경우 그립 잡는 법

① 손바닥이 앞을 향한 경우   ② 손바닥이 하늘을 향한 경우   ③ 그립을 잡았을 때

손바닥이 하늘을 향한 손의 구조는 ❸처럼 그립을 잡아야 헤드가 일정한 궤도로 움직인다.

❖ 코어 별 언더의 스윙 궤도

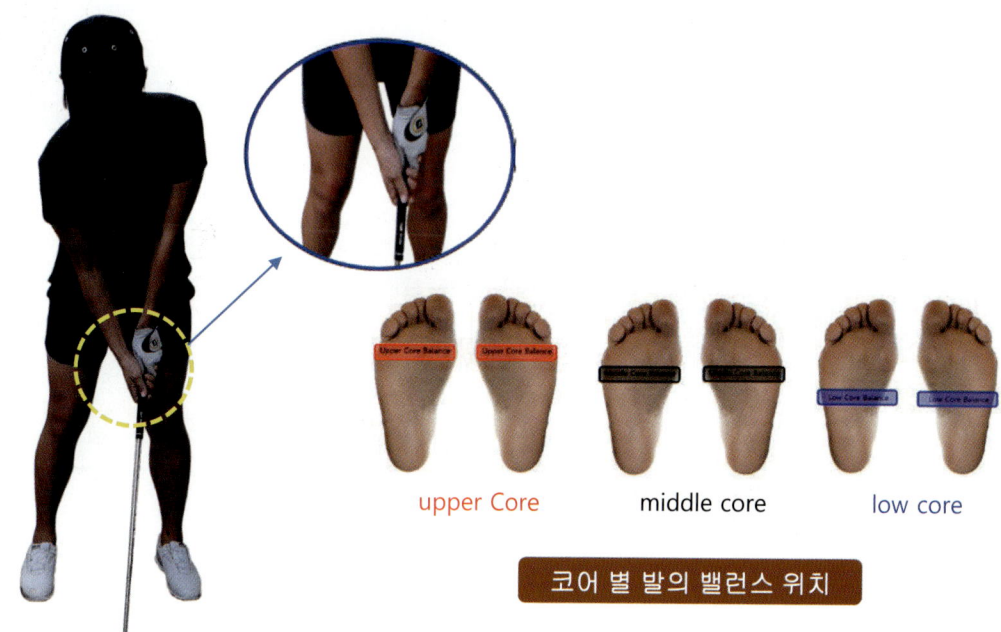

어드레스를 취한다. 발의 밸런스 비중은 양발에 배분한다.

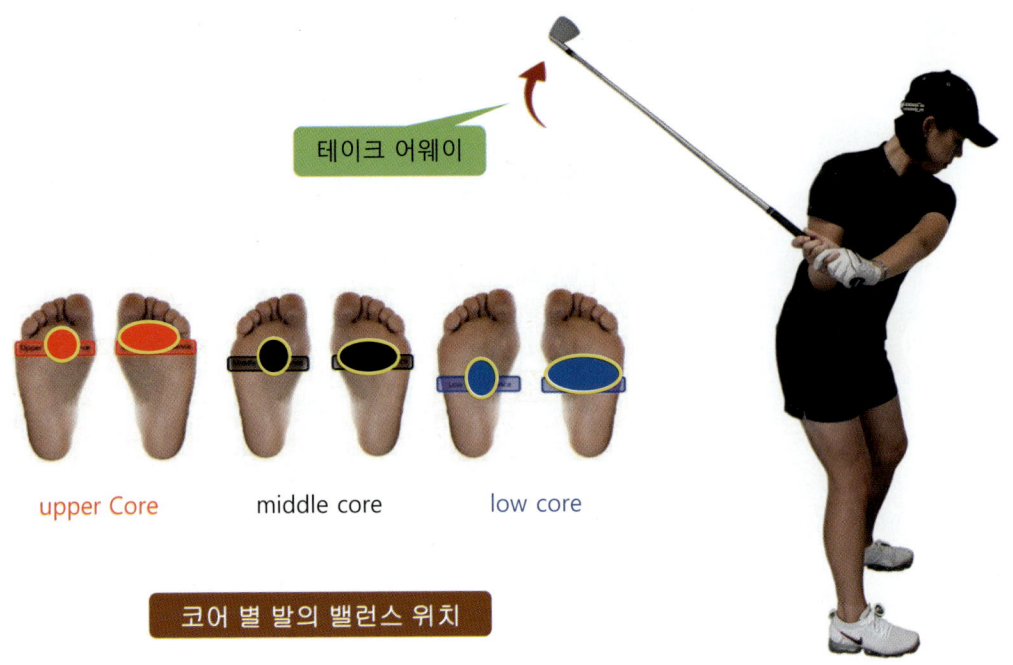

테이크 어웨이 시 발의 밸런스 비중은 왼발 4 : 오른발 6 정도의 비율로 배분한다.

코어 별 발의 밸런스 위치

클럽의 탑 위치는 가슴 방향의 팔(arm) 높이이며, 발의 밸런스 비중은 코어 별로 그림 처럼 양 발에 배분한다.

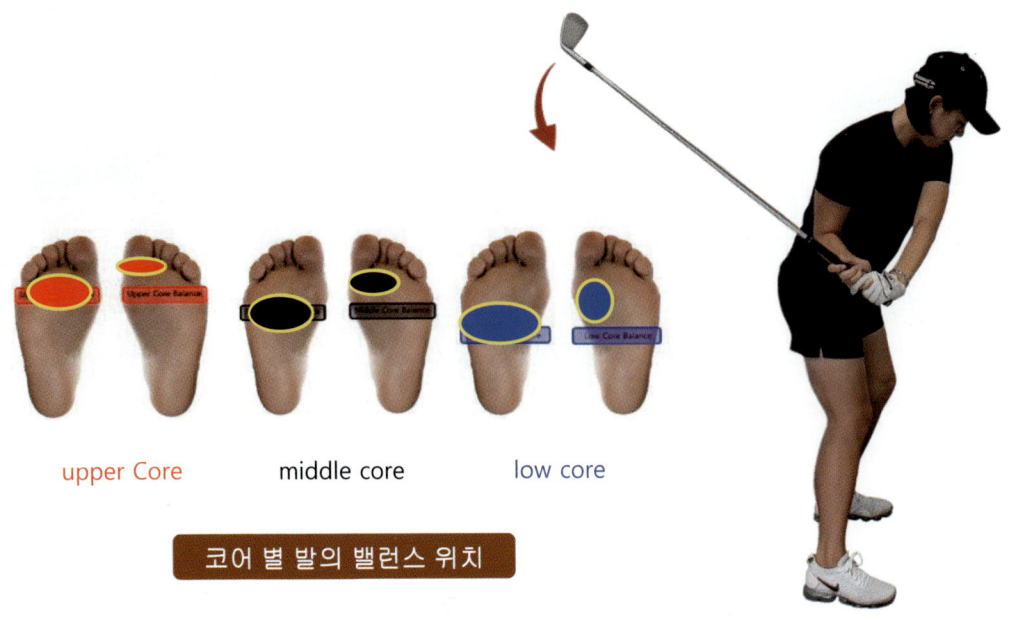

다운 스윙의 시작은 가슴 방향의 팔(arm) 높이로 클럽이 사진처럼 향한다. 코어 별로 발의 밸런스 비중은 그림처럼 양발에 배분한다.

upper Core   middle core   low core

코어 별 발의 밸런스 위치

임팩트 위치에서의 발의 밸런스 비중은 그림처럼 코어 별로 양발에 차이를 두고 배분한다.

upper Core   middle core   low core

코어 별 발의 밸런스 위치

팔로스루 단계에서 클럽 헤드의 방향은 타깃의 오른쪽 방향으로 향하게 된다. 코어 별로 발의 밸런스 비중은 그림처럼 양발에 배분한다.

피니시를 할 때의 발의 밸런스 비중은 코어 별로 비슷한 양상을 나타내어 그림처럼 왼발 9 : 오른발 1로 양발에 배분한다.

❖ 언더의 스윙 궤도

코어 확인하기

스틱 2개 중 하나를 바닥에 두고 다른 스틱은 벨트에 낀 후 스탠스를 취한다. 어드레스를 해본 후, 바닥과 허리의 스틱이 수평으로 바르게 정렬되면 그것이 자신의 코어로 볼 수 있다.

코어를 확인하는 절차는...
- 바닥에 스틱을 둔다.
- 허리 벨트에 스틱을 낀다.
- 어드레스를 취한다.
- 허리 스틱과 바닥의 스틱이 수평인지 확인한다.
- 스틱이 수평이면 올바른 정렬이다.

❖ 코어 확인 방법

❖ 셋업 순서로 코어 확인하기

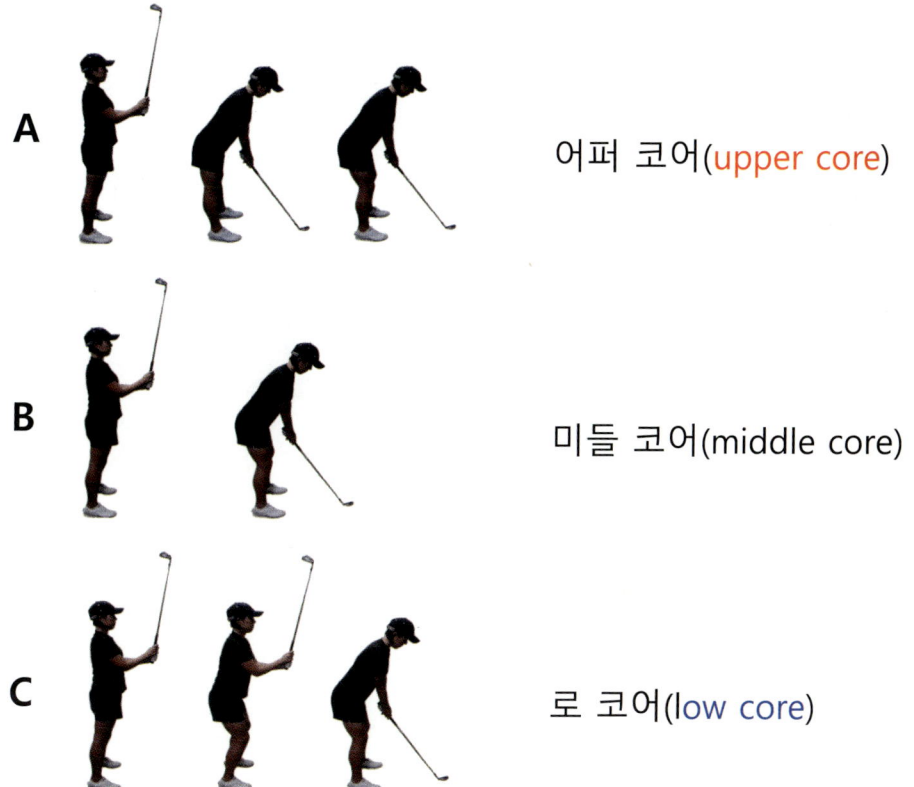

A   어퍼 코어(upper core)

B   미들 코어(middle core)

C   로 코어(low core)

어퍼 코어는 먼저 스탠스를 자리잡고, 허리를 구부린 다음에 무릎을 구부리는 순서로 어드레스를 한 후, 허리의 스틱과 바닥의 스틱이 수평이 되는 코어를 말한다.

미들 코어는 먼저 스탠스를 자리잡고, 허리와 무릎을 거의 동시에 구부려 어드레스를 한 후, 허리의 스틱과 바닥의 스틱이 수평이면 미들 코어 이다.

로 코어는 먼저 스탠스를 자리잡고, 무릎을 구부린 다음, 허리를 구부리는 순서로 어드레스를 한 후, 허리의 스틱과 바닥의 스틱이 수평이 되는 코어를 뜻한다.

탑 위치 탐색 신체 측정 방법

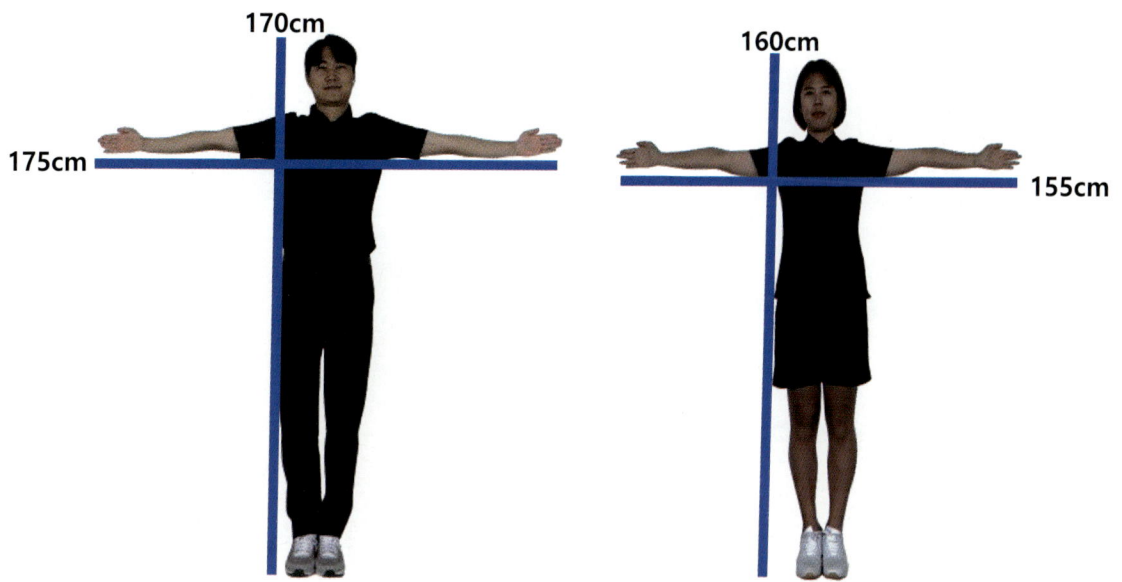

- 발을 모아 편안하게 선 상태에서 양팔을 벌려 길이를 측정한다.
- 신장과 팔의 길이를 비교한다.

스윙 플레인(swing plane) 찾기

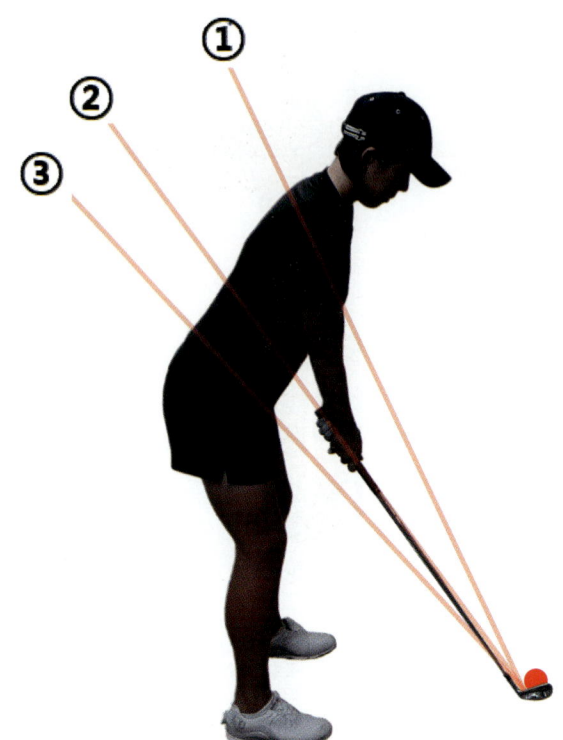

Swing Planes

① **Shoulder Plane**

② **Right Arm Plane**

③ **Shaft Plane**

❖ 신장보다 팔이 긴 경우

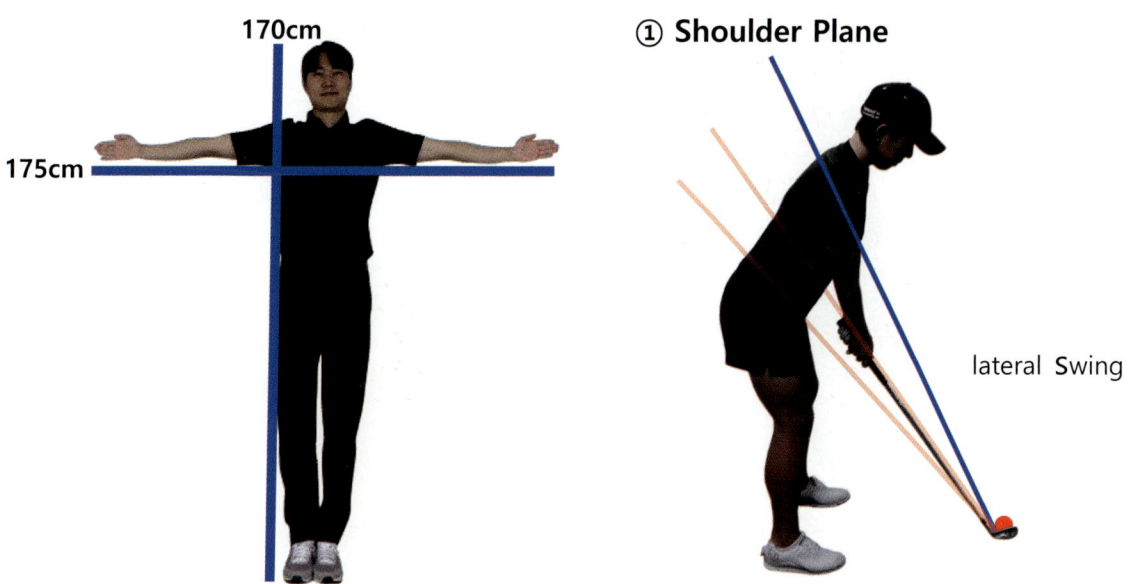

Swing Planes

① **Shoulder Plane**

lateral Swing

- 신장보다 팔이 긴 경우 숄더 플레인(shoulder plane)이다.

- 신장보다 팔이 긴 경우 탑의 위치이다.

❖ 신장과 팔이 같은 경우

Swing Planes

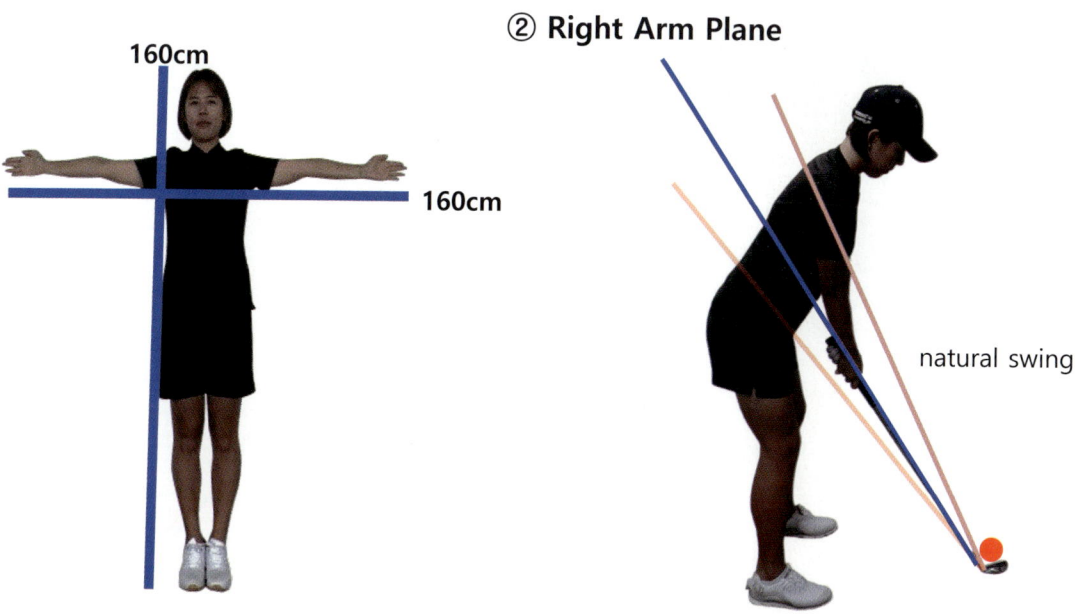

- 신장과 팔이 같은 경우 라이트 암 플레인(Right Arm Plane)이다.

- 신장과 팔이 같은 경우 탑의 위치이다.

❖ 신장보다 팔이 짧은 경우

Swing Planes

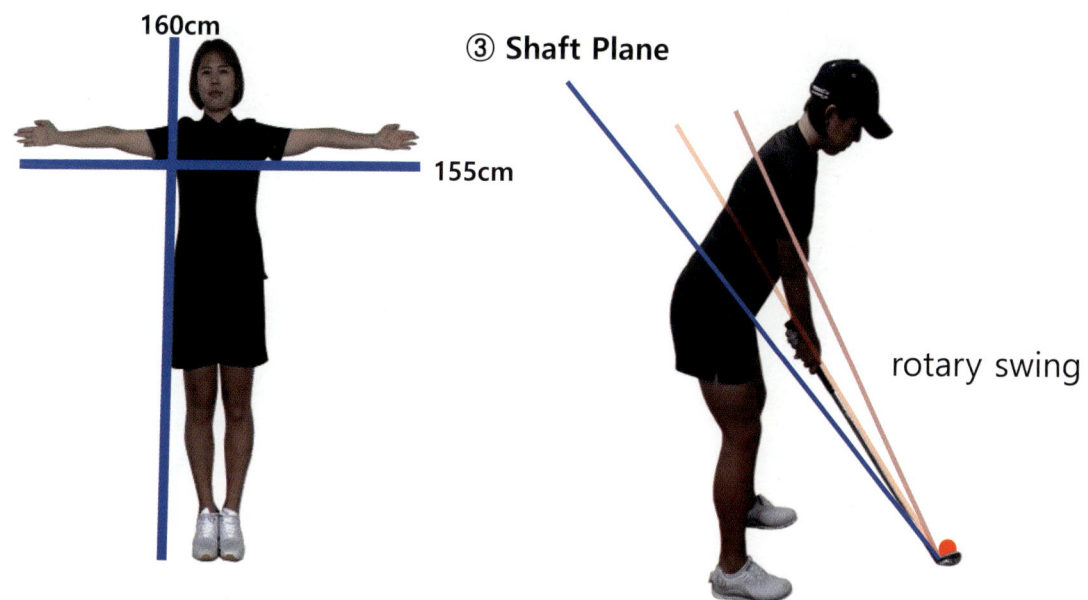

③ **Shaft Plane**

rotary swing

- 신장보다 팔이 짧은 경우 샤프트 플레인(Shaft Plane)이다.

- 신장보다 팔이 짧은 경우 탑의 위치이다.

팔 길이 측정

팔 길이 측정 방법.

❶ 위팔 측정 : 어깨에서 팔꿈치까지의 길이 측정

❷ 아래팔 측정 : 주먹을 쥐어 중지 시점부터 팔꿈치까지의 길이 측정

❖ 팔 길이에 따른 스틱 위치 두기

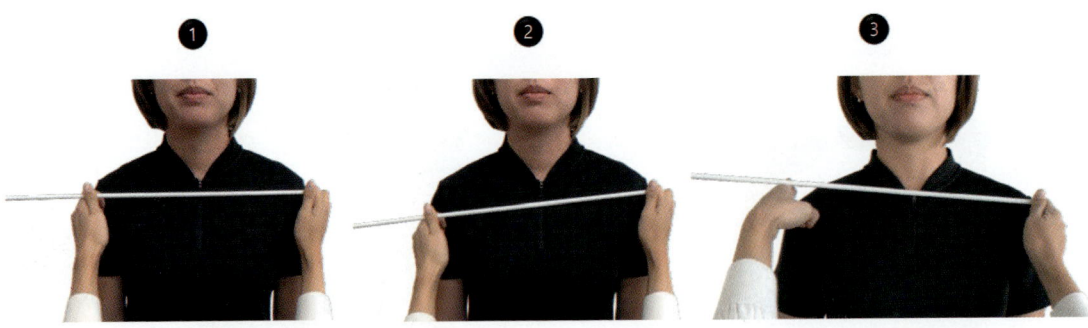

❶ 위팔과 아래팔 길이가 같을 경우, 스틱을 양 어깨에 수평으로 둔다.

❷ 위팔이 길고 아래팔이 2cm 짧은 경우, 왼쪽 어깨에 스틱을 두고 오른쪽은 어깨 아래 2cm에 스틱을 둔다.

❸ 위팔이 짧고 아래팔이 2cm 긴 경우, 왼쪽 어깨에 스틱을 두고 오른쪽은 어깨 위 2cm에 스틱을 둔다.

❖ 신체 구조에 맞는 탑 위치 찾기

❶ 위팔이 짧고 아래팔이 긴 경우의 탑의 위치
❷ 위팔과 아래팔의 길이가 같은 경우의 탑의 위치
❸ 위팔이 길고 아래팔이 짧은 경우의 탑의 위치

❖ 팔 길이가 같은 경우

먼저 ❶에 스틱을 두고 ❷어깨 위치에 스틱을 둔다.

❸폴로 스루에서 시작해서 ❹탑의 위치까지 간다.

❶ 지도자는 시연자의 스윙에 방해되지 않는 공간 위치에 선다.

❷ 스틱 끝을 시연자의 왼쪽 어깨 시작점에 두고 오른쪽 어깨에 스틱을 둔다.

❸ 폴로스루에서 시작해서 탑의 위치까지 스윙하도록 한다.

❹ 탑 위치에서 스틱에 샤프트가 닿으면 올바른 탑의 위치이다.

❖ 위·아래팔 길이 같은 경우 다운 스윙 궤도

❖ 윗팔보다 아래팔이 약 2cm 짧은 경우

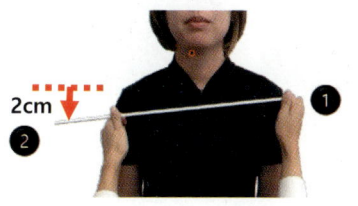

먼저 ❶에 스틱을 두고 ❷어깨 밑 2cm 위치에 스틱을 둔다. (보통 손가락 2마디 정도)

❸폴로스루에서 시작해서 ❹탑의 위치까지 간다.

프로골퍼는 이런 교육을 받는다

❖ 아래팔이 짧은 다운 스윙 궤도

❖ 위팔보다 아래팔이 2cm 길 때 탑의 위치

먼저 ❶에 스틱을 두고 ❷ 어깨 위 2cm 위치에 스틱을 둔다. (보통 손가락 2마디 정도)

❸ 폴로스루에서 시작해서 ❹ 탑의 위치까지 간다.

Part 02. 스윙(Swing)

193

❖ 아래팔이 긴 경우의 다운 스윙 궤도

비기너의 골프장 이용 방법
Beginner Golf Round

비기너의 골프장 이용 방법 내용

- ❖ 골프 코스의 구성
  - ◆ 골프장 스코어 카드
  - ◆ 선수 시합용 카드
- ❖ 골프 코스의 디자인
  - ◆ 티잉구역
  - ◆ 페어웨이
  - ◆ 페널티구역
  - ◆ 코스 보호 구역
  - ◆ 퍼팅 그린
- ❖ 라운드 준비물과 캐디백
- ❖ 보스턴백과 운동용품
- ❖ 라운드 예약부터 종료까지
  - ◆ 예약
  - ◆ 백 드롭 후 주차
  - ◆ 안내 데스크 수속
  - ◆ 로커룸
  - ◆ 입장 전 확인
  - ◆ 라운드 전 준비

- ❖ 카트 이동 매너
  - ◆ 라운드 시작과 진행
- ❖ 라운드 시 에티켓(etiquette)
  - ◆ 에티켓
  - ◆ 경기의 기본 정신(The Spirit of the Game)
  - ◆ 안전 (Safety)
  - ◆ 다른 플레이어에 대한 배려
- ❖ 골프장 안전사고
  - ◆ 타구 사고
  - ◆ 타구 사고 사례
  - ◆ 카트 사고 사례
  - ◆ 익사 사고 사례
  - ◆ 물림 사고 사례
  - ◆ 골프장 사고 기타 사례
- ❖ 골프연습장 사고 사례
- ❖ 캐디에 대한 에티켓
- ➢ 찾아 보기
- ➢ 참고 자료

골프 코스의 구성

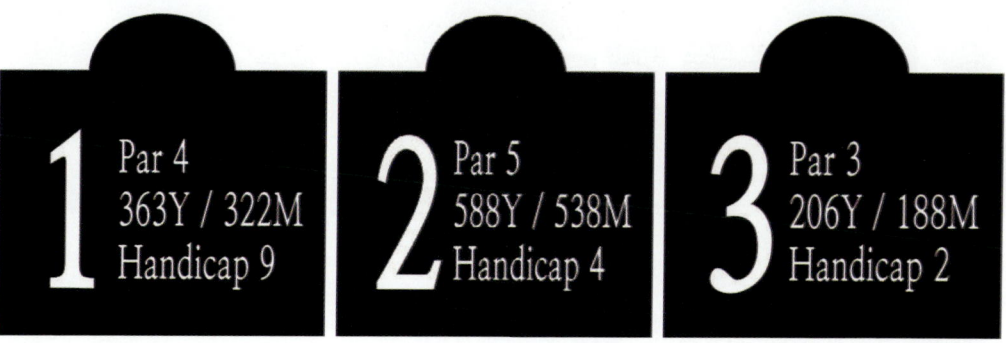

Par 4 X 10홀 = 40 타수

Par 5 X 4홀 = 20 타수

Par 3 X 4홀 = 12 타수
_____
     18홀   = 72 타수

> 골프 코스는 18홀로 설계되어 있으며, 일반적으로 Par 72로 되어있다. 각 홀마다 Par3, Par4, Par5로 특색을 살려 홀마다 핸디캡으로 난이도 있게 설계되어 있다.

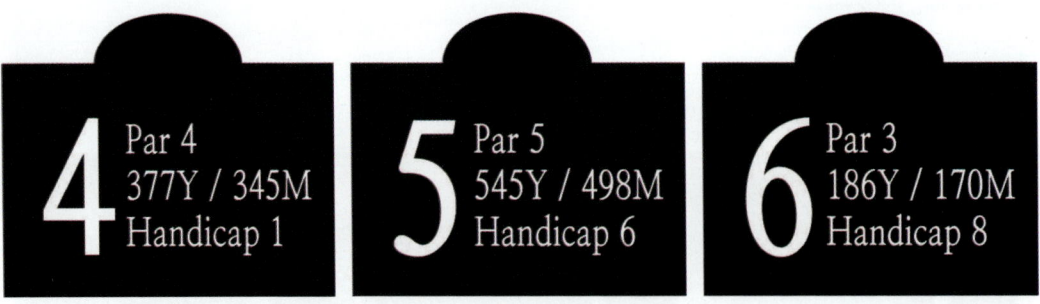

18홀 중 Handicap 1번이 가장 어려운 홀이다.

Par 3, Par 4, Par 5는 홀 아웃을 위한 기준 스트로크 수를 말하며, 홀 각각의 거리에 차이를 둔다. 일반적인 홀 거리 : 남자 (여자)

- Par 3 : 229m (192m) 이하
- Par 4 : 230m~430m (193m~366m)
- Par 5 : 431m 이상 (367m~526m)

❖ 골프장 스코어 카드

HOLE	1	2	3	4	5	6	7	8	9	남A
PAR	4	4	4	5	4	3	4	4	5	37
BLUE	380	373	389	513	329	157	368	378	463	3,350
WHITE	355	353	370	513	329	157	368	331	463	3,239
YELLOW	330	340	339	481	306	140	324	304	443	3,007
RED	315	305	299	455	272	129	295	269	390	2,729
HDCP	1	7	2	3	5	8	4	9	6	

- HOLE – 코스의 순서
- PAR – 홀의 기준 타수
- BLUE – 남자프로. 아마추어 챔피언 사용
- WHITE – 남자 아마추어, 여자프로 사용
- YELLOW – 시니어 아마추어 사용
- RED – 여자 아마추어 사용
- HDCP – 홀 별 난이도

❖ 선수 시합용 카드

Hole	1	2	3	4	5	6	7	8	9	OUT
Par	4	3	4	5	4	3	4	4	5	36
Yard	388	155	371	561	360	172	402	362	506	3,277
Meter	355	142	339	513	329	157	368	331	463	2,997
Score										

Hole	10	11	12	13	14	15	16	17	18	IN	Total
Par	4	3	4	3	4	3	5	4	5	36	72
Yard	347	144	312	358	152	331	505	389	516	3,054	6,331
Meter	317	132	285	327	139	303	462	356	472	2,793	5,790
Score											

카드 앞면(위)에는 상대방(Marker's)의 스코어를 기록하고, 뒷면(아래)에는 본인(Player's)의 스코어를 기록한다.

골프 코스의 디자인

코스는 일반구역과 특정한 구역(티잉 구역, 페널티 구역, 벙커, 퍼팅 그린 등) 네 가지 등의 모두 다섯 가지 구역으로 구분된다. 일반구역은 코스의 대부분을 차지하며, 플레이어의 볼이 퍼팅 그린에 이를 때까지 주로 플레이하는 구역을 의미한다.

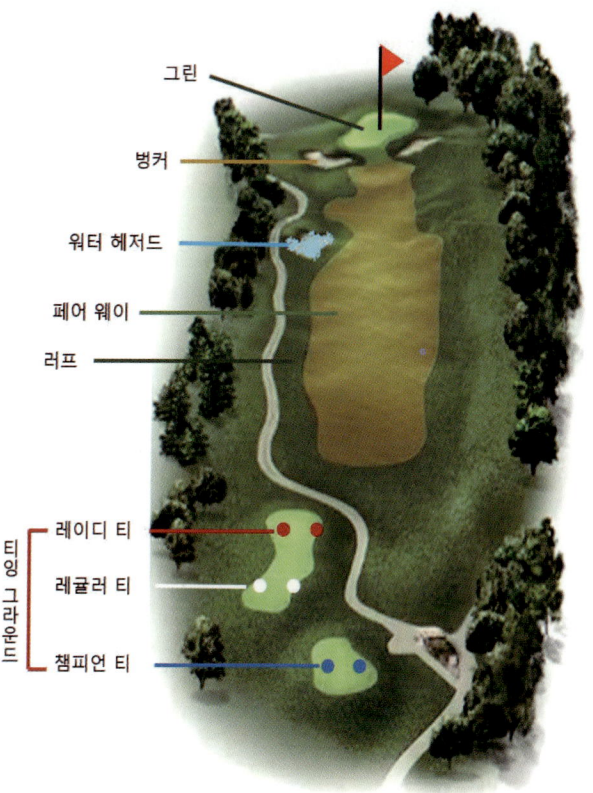

❖ 티잉 구역

티잉구역(teeing area)은 티잉 그라운드라고도 불리며, 플레이어가 홀 플레이를 시작할 때 반드시 플레이하여야 하는 구역을 말한다.

파란색은 남자프로와 아마추어 챔피언 사용, 흰색은 여자프로 선수나 일반 남성, 빨간색은 여성이 사용하는 곳이다.

❖ 페어웨이

　페어웨이(fairway)는 티잉 구역과 그린구역 사이의 잔디밭으로, 공을 치기 좋게 잔디를 다듬어 놓은 구역이며, 러프는 페어웨이 주변으로 잔디를 깎지 않고 길게 자라게 하여 플레이를 어렵게 만든 구역이다.

❖ 페널티 구역

패널티 구역(penalty area)은 볼이 그곳에 정지한 경우에 1벌타를 받고 구제를 받을 수 있는 구역이다. 페어웨이에서 빨간색이나 노란색 말뚝으로 경계를 표시해 둔 연못이나 도랑 같은 장애물을 말한다.

❖ 코스 보호 지역

　코스 보호 지역은 자연재해, 동물 등의 영향으로 페어웨이, 그린 등이 손상되어 플레이하기 어렵게 되었을 때에 말뚝, 줄, 선, 스틱 등으로 표시해서 출입을 제한하는 구역을 말한다.

❖ 퍼팅그린

퍼팅그린(putting green)은 골퍼가 플레이 중인 홀에서 퍼팅을 하도록 특별하게 조성된 구역이다. 그린은 퍼팅을 위해 잔디를 짧게 깎아 정비하며, 최종적으로 공을 넣는 구멍인 108mm 크기의 홀(hole)이 있고, 멀리서 홀의 위치를 알 수 있게 깃대를 꽂아둔다.

라운드 준비물과 캐디백

라운드(round)를 하기 위해서는 클럽(club, 골프채)을 비롯해 많은 준비물이 필요하다. 골프를 위한 클럽과 용품은 캐디백(caddie bag)에 넣어 운반한다.

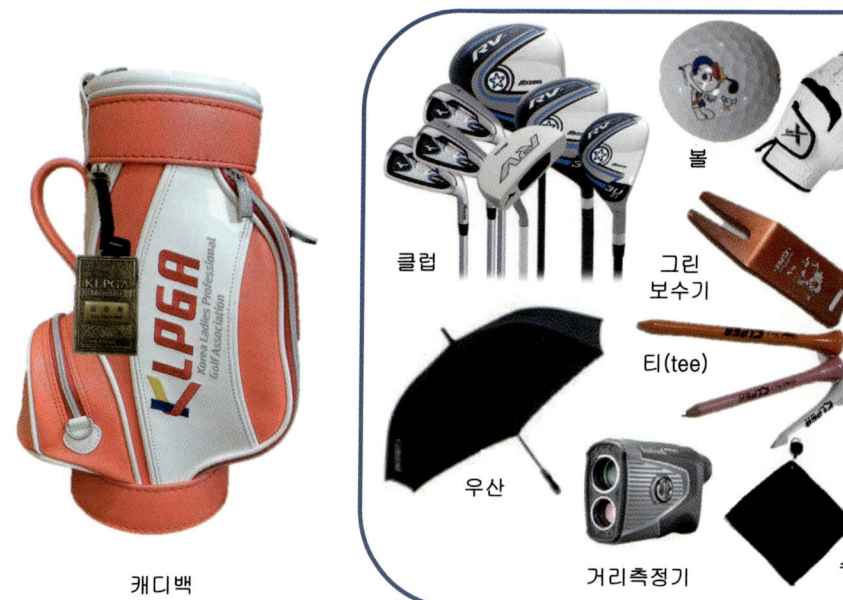

보스턴 백과 운동용품

운동 용품을 넣는 가방의 이름은 다양한데, 골프 가방은 보스턴 백(Boston bag)이라 부른다. 보통 가방에는 운동복, 골프화, 화장품 등을 넣는다.

보스턴 백

라운드 예약부터 종료까지

골프장 예약부터 라운드 종료 후까지 전체적인 순서.

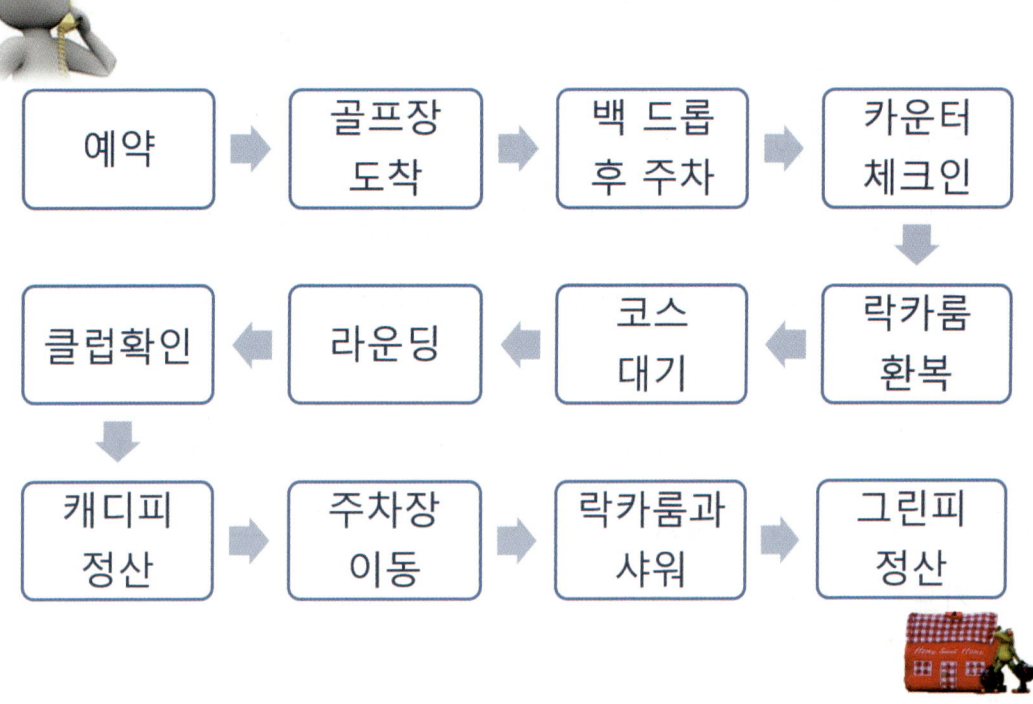

Part 03. 비기너의 골프장 이용 방법(Beginner Golf Rounding)

❖ **예약**

골프장 예약은 필수이다. 골프장에 따라 조금씩 차이가 있으나 적어도 2~4주 전 예약이 완료되어야 한다. 온라인으로 골프장 홈페이지에 접속해 미리 정보를 수집하는 것도 좋다.  골프장마다 고객 유치를 위한 이벤트를 갖기도 하는데, 원하는 날짜와 일치하면 좀 더 저렴한 비용에 다양한 혜택을 누릴 수도 있다.

라운드 할 때의 구성 인원은 기본적으로 4명을 기준으로 1팀을 구성한다. 골프장 마다 비용이 다르지만 대부분의 골프장은 팀당 그린피, 카트비, 캐디피를 준비해야 한다.

❖ 백 드롭 후 주차

- 골프장에는 라운드 1시간 전에는 도착하는 것이 좋다.
- 현관에서 백 드롭(bag drop) 한다.
- 골프백과 보스턴 백에 반드시 이름표(name tag)와 이름이 적혀 있어야 찾기 쉽다.

- 주차 위치 필요 시 주차한 장소의 번호를 확인한다.
- 라운드 후 바로 골프백을 소유 차량에 옮겨 싣는다.
- 라운드 및 목욕을 마친 다음에는 안내 데스크에서 정산한다.
- 운동복(추리닝), 청바지, 슬리퍼, 민소매 등이나 노출이 심한 복장은 입장이 금지될 수 있어 삼가하는 것이 바람직하다.
- 단정한 차림의 복장을 착용한다.

❖ 안내 데스크(desk)·수속(check-in)

- 안내 데스크에서 예약자와 예약 시간을 확인한다.
- 방명록에 이름과 연락처를 기재한다.
- 비치된 방명록에 성명을 기재한 후, 로커키를 받는다.
- 티 업(tee up) 시간 및 라운드 코스를 반드시 확인한다.
- 골프장마다 코스 명칭이 다양하기 때문에 확인이 필요하다.

❖ 로커룸

여성 로커룸 표지

남성 로커룸 표지

로커룸(탈의실)의 구조와 잠금 장치

- 로커룸(locker room, 탈의실) 위치를 확인한다.
- 로커룸은 대부분 번호 키를 사용하여 잠금과 열림 작동이 이루어지는데 일반적으로 룸 배정 용지에 작동 방법이 기재되어 있다.
- 라운드 복장으로 갈아입은 후, 로커의 잠금 여부를 확인한다.

❖ 입장 전 확인

 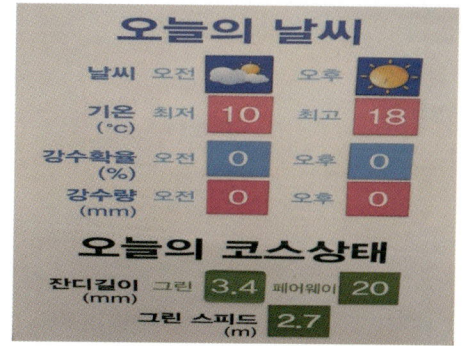

- 차량키와 캐디피를 반드시 소지하고 나간다.
- 라운드 후 바로 골프백을 자동차에 실어주기 때문에 주차 위치도 알아야 한다.
- 날씨와 코스 상태를 미리 파악하면 경기 전략에 도움이 된다.
- 착용한 복장이 날씨에 적합한지 판단하고 최적의 복장을 갖춘다.

❖ 라운드 전 준비

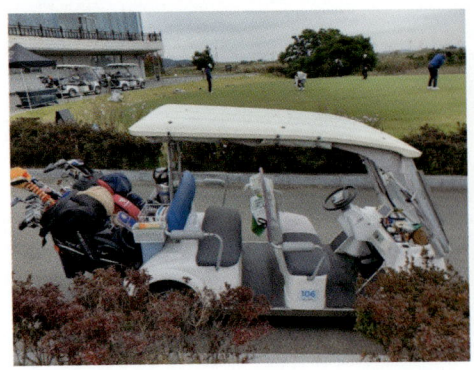 

- 대기하고 있는 카트에서 골프백과 이름표를 확인한다.
- 30분 정도 미리 나와 퍼팅과 스윙 연습으로 컨디션을 조절한다.
- 코스 위치 확인 후 이동 준비를 한다.
- 라운드 시작 전 클럽 개수를 반드시 확인한다.
- 라운드에 필요한 클럽의 개수는 최대 14개까지 가능하다.

❖ 카트 이동 매너

 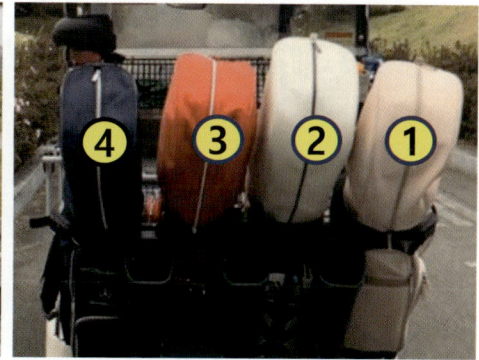

- 카트(cart)를 타고 이동할 때 카트에 앉는 좌석에도 매너가 있다.
- 캐디 옆 조수석은 ①번 백 플레이어, ②번 백은 조수석 뒤, ③번 백 가운데, ④번 백 플레이어는 운전석 뒤에 앉는다.
- 플레이 중 클럽을 꺼낼 때 움직임 방향이 엉키지 않아, 시간 단축 및 원활한 경기 운영에 도움이 된다.

❖ 라운드 시작과 진행

- 출발 Tee Box에 도착하면 캐디가 스트레칭을 시키고 유의 사항들을 알려준다.
- 비치되어 있는 통에서 스틱을 뽑아 플레이 순서를 정한다.

> **티잉 그라운드**

- ①과 ②선 뒤 2클럽 이내 티업

- 주시안으로 에임

- 드라이브 샷 어드레스

- 티 샷 플레이어만 티잉구역 위치

- 플레이어 옆쪽에 서 있으면 시야 방해가 됨

- 플레이어 보다 앞으로 나가면 위험

- 티 샷 후 사용한 티나 부러진 티는 수거
- Par3 홀에서 샷을 한 후 디봇이 생긴 경우 모래로 디봇 수리

▶ 거리 표시

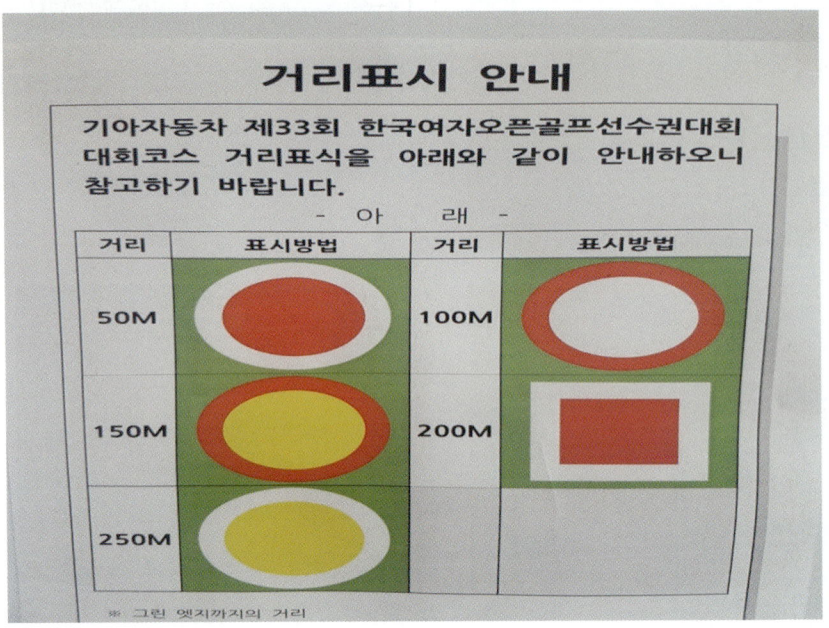

- 프로 골퍼들이 경기 때 쓰는 안내도.

그린까지 50m 거리

그린까지 100m 거리

그린까지 150m 거리

그린까지 200m 거리

- 코스의 거리 표시는 골프장 마다 다르다.
- 거리 표시 말뚝은 그린 중앙 기준 또는 그린 엣지 기준으로 한다.

> **구역 표시**

- 페널티 구역 빨간색 표시

(4개 구역: 워터해저드, 물 없는 사막, 정글, 바위 지역)

- 물이 있는 페널티 구역 티 박스

- 정글 페널티 구역

- 바위 페널티 구역

- OB(out of bound) 말뚝은 흰색 말뚝과 흰 선으로 표시

- OB가 났을 경우 페어웨이 중간 OB 티 박스 구역

> 페어웨이

- 샷 하기 전 볼이 날아갈 방향 쪽에 사람이 있다면 '포(fore)~'라고 소리치고 반드시 안전할 때에 샷을 한다.

  용어 포 (fore) : '앞쪽이 위험해요'라고 소리치는 말이다.

- 페어웨이에서는 거리가 적게 나온 플레이어가 먼저 샷을 한다.

- 플레이 시 여분의 클럽은 에임 방향과 관계없이 ① 또는 ②처럼 놓아야 한다.

- 플레이 시 여분의 클럽을 ①또는 ②처럼 두면 룰 위반이다(일반페널티: 2벌타).

> 보수

- 디봇(divot)은 잔디로 덮고 밟아서 원래 상태로 복구시킨다.

- 벙커 샷을 한 후 플레이어는 벙커를 나오기 전에 자신이 만든 발자국을 고무래를 이용하여 평탄하게 골라 놓아야 한다.

> 그 린

- 그린에서 볼 마크는 홀 방향을 향하여 공 바로 뒤에 놓아야 한다.

- 홀에서 먼 플레이어가 먼저 퍼팅한다. 볼을 집어 올릴 때는 반드시 볼 뒤에 마크 후 한다.
- 볼 마크가 진로 방해 시 옮겨 달라고 할 수 있다.

- 홀 방향을 향해 볼 뒤에 마크를 한 후 볼을 집는다.
- 플레이 시 볼은 원 위치에 놓아야 한다.

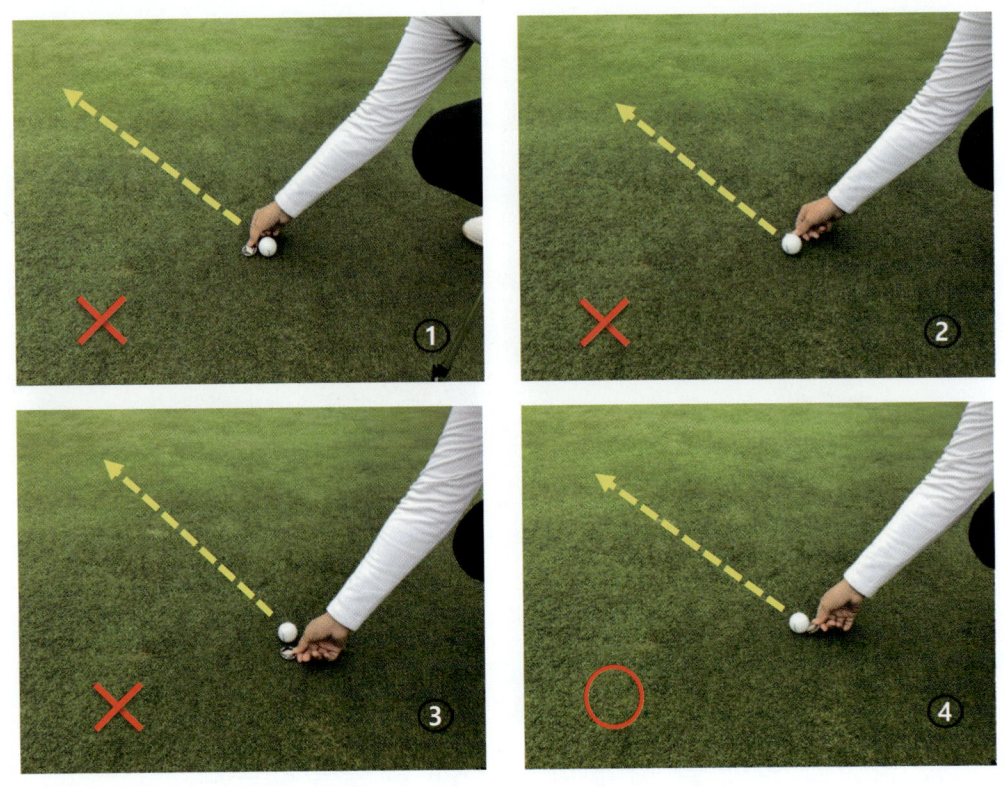

- 볼 마크는 ④번처럼 볼 뒤에 놓아야 한다.

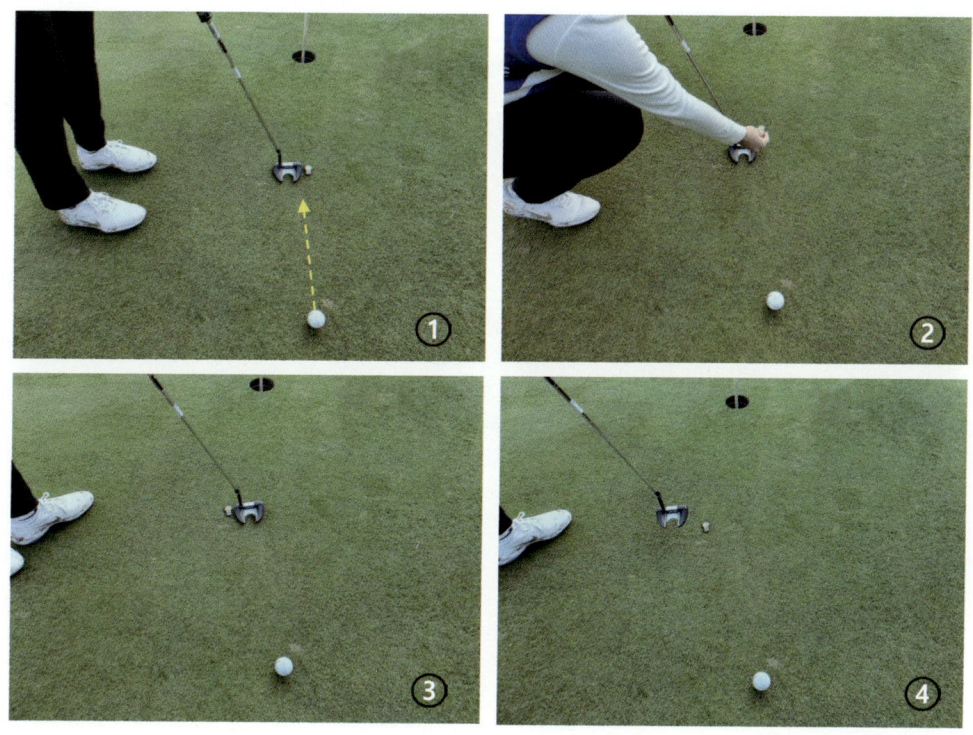

- 볼 라인 선상에 볼이 있을 때 볼 마크는 번호 순서대로 옮긴다.
- 마크를 옮긴 후, 퍼팅 시 마크는 원래의 위치로 옮겨 놓아야 한다.

- ❶처럼 다른 플레이어의 볼 라인을 밟고 지나가면 안 된다.
- ❷처럼 볼 라인을 피해 지나가야 된다.

- 홀에서 멀리 있는 볼의 플레이어가 가장 먼저 퍼팅을 한다.
- ❸이 먼저 플레이 한다. 홀 가까이 있는 ❶과 ❷,❹ 는 마크를 한다.

- 볼의 낙하로 인한 그린의 볼 자국은 퍼팅 하기 전에 수리한다.

> 라운드 후

- 클럽 개수가 맞는지 확인하고 캐디 근무 일지에 싸인 한다.
- 카트의 소지품을 확인한다.

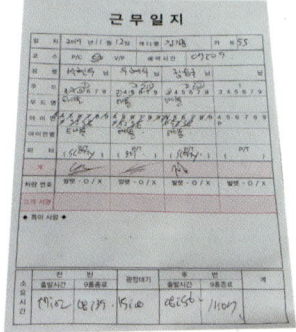

- 캐디 봉사료를 봉투에 넣어 지급한다.
- 안내 데스크 정산인 경우는 감사인사를 한다.

Part 03. 비기너의 골프장 이용 방법(Beginner Golf Rounding)

라운드 시 에티켓(etiquette)

❖ 에티켓

골프 규칙 제1장에는 골프 정신에 따라 플레이를 할 때에 지켜야 할 행동 기준으로 성실한 행동, 타인을 배려, 코스를 보호하여야 한다고 규정하고 있다. 모든 플레이어가 이를 준수하며 경기하면서 최대한의 즐거움을 얻을 수 있을 것이다.

❖ 경기의 기본 정신

대부분의 골프 경기는 심판원의 감독 없이 플레이한다. 골프 경기는 다른 플레이어들을 배려하고 규칙을 준수하며 성실하게 행동하여야 한다. 그리고 모든 플레이어는 경기 방법에 관계없이 언제나 절제된 태도로 행동하고 예의를 지키며 스포츠맨십을 발휘하여야 한다.

❖ 안전(safety)

 플레이어는 스트로크 또는 연습 스윙을 할 때 클럽에 맞을 만한 거리에 사람이 없는지 또는 스트로크로 볼이나 돌, 자갈, 나뭇가지 등이 날려서 다칠 만한 위치에 아무도 없는가를 확인하여야 한다. 플레이어는 앞서 간 플레이어들이 볼의 도달 범위 이상으로 충분히 벗어날 때까지 볼을 쳐서는 안 된다.

 플레이어가 사람이 맞을 위험이 있는 방향으로 볼을 친 경우에는 즉시 큰 소리를 질러 경고하여야 한다. 그와 같은 상황에서 일반적으로 조심하라는 경고성 발언은 "포~"라고 외친다. ' 포(fore)~'라는 외침이 '앞에 위험이 있어요"라는 표현이다.

❖ 다른 플레이어에 대한 배려

▶ **소란이나 정신 집중 방해의 금지**

　플레이어는 항상 코스에서 다른 골퍼를 배려하여야 한다. 스트로크를 하기 위해 준비를 하고 샷에 온 신경을 쓰며 집중하고 있을 때 움직이거나, 말하거나, 전화를 하는 등의 불필요 한 잡음을 내서 상대 플레이어의 플레이를 방해해서는 안 된다.

　티잉 그라운드에서 플레이어는 자신의 플레이 순서가 올 때까지 자신의 볼을 티업 해서는 안 된다. 그리고 플레이어들은 다른 플레이어가 플레이하려고 할 때 볼 가까이나 바로 뒤에 서서는 안 되며 홀 바로 뒤에 서서도 안 된다.

▶ 퍼팅 그린 위에서

퍼팅 그린 위에서 플레이어는 다른 플레이어의 퍼트 선 위에 있으면 안 되고 퍼팅 시 그림자를 지게 해서도 안 된다. 플레이어가 속한 팀의 플레이어 전원이 홀 아웃 할 때까지 퍼팅 그린 위나 가까이에 머물러 있어야 한다.

▶ 스코어 기록

스트로크 플레이에서 마커를 맡아보는 플레이어는, 필요한 경우, 다음 티잉 그라운드로 가는 도중에 관련 플레이어와 함께 스코어를 확인하고 이를 기록하여야 한다.

▶ 경기 운영

앞 팀의 흐름에 맞추어 경기운영이 지체되지 않도록 한다.

골프장 안전 사고

　스포츠 종목 중 에티켓을 규칙에 포함시킨 종목은 골프가 유일하며 플레이어가 지켜야 하는 행동 기준을 규정하고 있다. 골프는 심판이 없기 때문에 스스로 규칙을 준수하면서 정직하게 플레이 하는 것이 중요하다. 또한 타인을 배려하고 신속한 플레이로 플레이해야 하며 타인의 안전에 신경 써야 한다.

　골프의 에티켓 실천은 사고를 예방하기 위해 반드시 필요하다. 우리나라의 골프장 사고는 매일 약 10건의 사고가 발생하고 있는 것으로 알려져 있다. 라운딩 중 많이 발생하는 사고 중 타구 사고가 50%, 카트 사고 30% 이상, 기타 사고로 낙상, 물림, 익사, 염좌 등은 20% 미만이다.

타구 사고 50%　　카트 사고 30%↑　　기타 20%↓

❖ 타구 사고

골프는 미스 샷을 줄여 낮은 스코어로 플레이해야 우승하는 스포츠이다. 미스 샷은 스코어에 영향을 줄 뿐만 아니라 안전사고가 언제든지 발생할 수 있다는 것을 의미하기도 한다.

[상황] 골퍼가 친 볼에 캐디가 맞아 부상을 입는 경우는 흔하다.
- 안전한 곳에 서 있던 캐디가 골퍼의 악성 미스 샷에 맞는 경우
- 골퍼가 볼 스트로크 시도하다 생크(shank)가 발생하여 맞는 경우
- 샷이 빗나가면서 그린 위에 서 있는 캐디를 맞추는 경우
- 볼이 주변의 물체(나무, 말뚝 등)에 맞고 튀어 캐디를 맞히는 경우

[상황] 골퍼가 친 볼에 다른 골퍼가 맞는 경우도 있다.

- 안전한 지역에 있어도 예상치 못한 트러블 샷에 맞는 경우
- 벙커 샷에서 제대로 컨트롤 하지 못한 볼에 맞는 경우
- 샷을 하는 골퍼보다 성급하게 앞서서 나가다가 볼에 맞는 경우
- 볼이 철주나 암벽, 거리 목, OB말뚝, 바위 혹은 나무 같은 물질에 맞고 튀어 동반 골퍼가 볼에 맞는 경우
- 다음 홀이 안 보이는 페어웨이에서 골퍼가 앞에 동반골퍼가 있다는 사실을 알지 못하고 샷을 했다 볼을 맞히는 경우
- 심한 OB 샷으로 인해 인접 코스로 날아간 볼에 부상을 당하는 경우
- 골프장 근무자가 도로 보수공사, 페어웨이나 그린 보수 등을 하다 골퍼의 예상하기 어려운 볼에 부상을 당하는 경우

❖ 타구 사고 사례

① 2018년 10월 02일. 프랑스에서 개최된 라이더컵(Ryder Cup) 경기 첫날, 6번 홀에서 Brooks Koepka의 티샷이 300yard 떨어진 카트의 창을 뚫고 갤러리의 눈을 실명시키는 사고 발생.

② 뒤팀에서 친 볼이 앞팀의 플레이어 머리를 맞혀 외상성 출혈 및 두개골 골절 발생된 사고. 입원 3일 후 퇴원함.

③ 2010년 메모리얼 토너먼트에서 타이거우즈가 파이널라운드 1번 홀 첫 번째 샷, 2번 홀과 15번 홀에서 무려 3명의 갤러리를 맞히는 타구 사고 발생.

❖ 카트 사고 사례

 우리나라의 골프장은 산지에 조성되어 있는 경우가 많다. 골프 코스의 카트 도로는 내리막과 오르막이 많고, 커브길도 있어서 카트 운행에 어려움이 따른다. 위험 요소가 많은 지형에서 카트 운행을 조심스럽게 하지 않거나 미숙하면 사고의 발생 위험성이 크고, 사고가 발생하면 치명적인 사고로 이어진다.

① 전동카트 전복으로 탑승자 남성이 전치 6주에 해당하는 부상을 당한 사고 발생

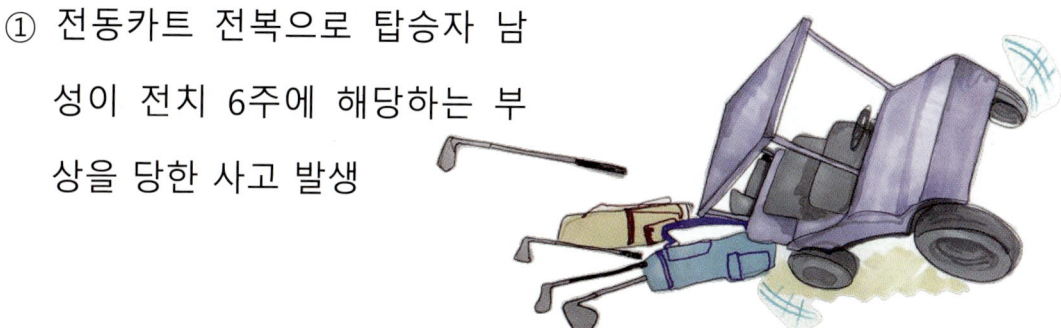

② 여성 2명이 탄 골프 카트가 길옆으로 전복된 사고로 가슴 부위를 크게 다쳐 응급처치를 받고 병원으로 이송됐으나 사망함.

③ 라운드 중 골프장내 일반차도를 건너야 하는데, 신호를 무시한 뺑소니 차에 치어 한 여성이 사망한 사고 발생.

④ 해외에서는 전동 카트를 골퍼가 직접 운전하는 경우가 많아 운전 미숙이나 과시로 인한 전복사고나 충돌사고, 낙상사고 등이 발생함.

❖ 익사 사고 사례

골프장 해저드의 대부분은 수심이 깊고 바닥에 방수포를 깔아 놓았기 때문에 물이끼가 끼어 물에 빠지면 미끄러워 물에서 나오기가 매우 어렵다. 해저드에 빠지면 위험스런 상황이 발생한다.

① 해저드에 빠진 볼을 찾으려 하다 물에 빠진 여성. 팀원들이 구조를 위해 물속으로 들어갔다 다같이 위험 상황에 처함. 주변의 골퍼가 구명 튜브를 던져 구조했으나 여성은 끝내 사망함.

② 한 남성이 워터해저드에 빠진 볼을 건지려 하다 미끄러져 익사한 사고

❖ 돌림 사고 사례

러프 구역에는 '뱀 주의'라는 경고문이 있다. 러프에 들어간 볼을 찾기 위해서는 맨손보다 클럽을 지참하며 '뱀 출몰지역'이라는 경고문을 준수하여야 불의의 사고를 미연에 방지할 수 있다.

① 한 골프장에서 동반 플레이어가 친 볼을 찾으러 가시덤불 속으로 들어갔다 따끔한 통증을 느꼈지만 덤불 속 가시에 찔린 것으로 알고 귀가 후 얼마 지나지 않아 온몸이 부어 오르고 쇼크 상태에 빠져 사망한 사고 발생.

② 러프구역에서 벌 쏘임 사고 발생. 캐디가 먹는 약과 바르는 약을 주었으나 라운딩 중 가려움증과 어지러움증 발생.

❖ 골프장 사고 기타 사례

여름철과 겨울철엔 낙상사고가 증가하는데, 비나 눈이 온 뒤의 미끄러짐, 기온 하락 후엔 근수축에 따른 근파열이나 염좌가 발생한다.

① 한 플레이어가 급경사면에서 볼을 찾다 발이 미끄러져 10m 아래로 추락하는 사고 발생. 다행히 목숨은 건졌지만 두 다리 중상으로 골프를 할 수 없음.

② 새벽에 비가 내린 후 기온이 급격히 내려간 날, 처음으로 라운드 나온 플레이어가 티 샷에서 뒷땅을 때려 손목인대 염좌가 발생.

❖ 골프 연습장 사고 사례

골프연습장은 타석 간의 거리를 최소 2.5m 이상 되도록 규정하고 있으나, 많은 타석을 설치하려고 거리를 좁게 만드는 곳도 있다. 타인의 스윙 존(swing zone)에 들어갈 때는 클럽에 가격당하지 않도록 조심해야 한다.

① 실내연습장에서 기계에 왼쪽 팔이 끼여 골절되는 사고 발생.

② 실내연습장에서 연습 후 타석을 벗어나다 옆 타석에서 드라이버로 백스윙을 하던 플레이어의 클럽에 오른쪽 눈을 맞아 시력저하 장애 사고 발생.

캐디에 대한 에티켓

캐디는 경기 진행 시 클럽 및 용구 관리, 골프장 보수와 거리 측정, 정확한 비구 상태의 확인 등을 도와준다. 캐디에게 플레이에 대한 조언을 구할 수는 있지만, 지나친 의존은 하지 않는다. 또한 하인처럼 부리려 해서도 안 되며, 막말, 성희롱적 농담 등을 해서도 안 된다. 골퍼는 캐디를 부를 때에 'ㅇㅇ씨'라고 말하며, 존댓말을 사용하고, 매너, 에티켓을 반드시 지켜야 한다.

찾아 보기

ㄱ
각도 29
감각 정보 56
거리 표시 222
경로 17, 19
경사 측정 92
고유수용기 24
골프 코스 197
골프채 207
관성모멘트 74
구역 표시 224
귀의 구조 24
그린 230
그린 경사 82
그린 읽기 79
그립 잡는 법 122, 123, 124

ㄷ
다운스윙 119
다운힐 80

다이나믹 로프트 49
동작의 흐름 77
디봇(divot) 229

ㄹ
라운드 207, 216
라이 각도 74
라인 29, 42
레디얼(radial) 스트로크 69
로 코어 105, 113, 136, 171, 175
로커룸 214
로프트 44, 49
리니어(linear) 스트로크 69
리딩에지 47

ㅁ
말렛 38, 40
무게 감각 56
물림 사고 250

미들 코어 104, 110, 133, 171, 173

ㅂ
백 드롭 211
백 스트로크 69
밸런스 110, 113, 120, 133, 137, 143
밸런스 포인트 77
벙커 201
벡터 53, 94
보수 229
보스턴 백 208
볼 마크 230
볼의 스피드 74
볼의 위치 65
블레이드 38, 39

ㅅ
사분면 80

사이드 온 141, 152, 159
생크 244
샤프트 77
샤프트 굴곡성 75
세미 말렛 38, 39
셋업 95, 102, 111, 114,
　　　129, 131, 134, 137,
　　　171
속도 조절 56
손등 98, 121, 122, 123,
　　　142, 151
손바닥 99, 121, 124, 160
손의 구조 96, 121
수속 213
스윙 116, 119, 120
스윙 궤도 141, 150
스윙 웨이트 78
스윙 존 252
스윙 플레인 176
스카이 밸런스 76
스코어 카드 199
스태틱(static) 로프트 49

스탠스 61, 79
스트로크 69, 120
스틱 184, 189, 192
스피드 17
슬로프 88, 90
시각 18, 24, 54
시각 탐색 15, 25, 27
시선 패턴 30
신전반사 24
신체 구조 185
신체 정렬 79
신체 측정 175

ㅇ

아래팔 183, 189, 192
안내 데스크 213
안전 240
안전 사고 243
어드레스 100, 119, 136,
　　　140, 143
어퍼 코어 103, 106, 130,
　　　171, 172

언더 168
얼라인먼트 100, 129
에임 17, 18
에임 레이저 22
에임 편향 30, 34
에임 포인트 34, 80, 88, 90
에티켓 239, 253
예약 210
오른눈잡이 54
오른쪽 에이머 88, 89
오프셋 36, 46, 74
온 탑 141, 150
온셋(onset) 호젤 48
왼눈잡이 54
왼쪽 에이머 90. 91
워터 해저드 249
위팔 183, 189, 192
이팩티브(effective) 로프트
　　　49
익사 사고 249
일반구역 201
임팩트 119

ㅈ

전정기관 24
주시 67
주시안 54, 65, 68
중심축 125
지면 반력 130, 136

ㅋ

카운터 웨이트 75, 77
카트 217, 247
캐디 253
캐디 봉사료 237
캐디백 207
코어 100, 169, 170
코어 근육 95, 120
클럽 207, 216
클럽헤드의 토크 74

ㅌ

타구 사고 244
탈의실 214

탑 위치 139, 175, 185
탑스윙 119
테이크 어웨이 119, 144, 153
토업 86
토우 50
토우 다운 76
토크 79
티 업 213
티잉 구역 201, 202
티잉 그라운드 219

ㅍ

팔 길이 측정 183
퍼터 디자인 76
퍼터의 입체 구조 35
퍼팅 15, 81
퍼팅 필수 요소 17
퍼팅그린 201, 206
페널티구역 201, 204
페어웨이 203, 226

페이스 프로그레션 45
포 (fore) 226
포워드 스트로크 69
폴로 스루 71, 78, 119, 186
피니시 119
핑거 그립 97

ㅎ

하이브리드 38, 40
하프스윙 119
핸디캡 197
헤드 38
호젤 29, 42, 45
홀 197, 206
홀 유효 넓이 57
훅 스핀 93
힐 50

영문 찾아 보기

A
address 100, 119, 136
aim 17, 18
aim bias 30, 34
aim point 88, 90
aim vectors 93
alignment 100, 108, 111, 114, 129

B
back stroke 69
bag drop 211
balance 120, 134
balance point 77
blade 38, 39
body alignment 79
Boston bag 208

C
caddie bag 207
cadence 77
cart 217
check-in 213
club 207

clubs geometry 35
core muscle 95
counter weight 75, 77

D
desk 213
down swing 119
downhill 80

E
eye dominance 54

F
face progression 45
fairway 203
finger grip 97
finish 119
follow through 71, 78, 119
4 quadrants 80
forward stroke 69

H
half swing 119
handicap 197, 198
head 38
heel 50
hole 206
hook spin 93
hosel 29, 42, 45
hybrid 38, 40

I
impact 17, 119

L
leading edge 47
left aimer 90, 91
lie angle 74
line 42

locker room 214
loft 29, 44, 49
Low Core 95, 102, 105, 113, 120, 136, 171

M
mallet 38, 40
Middle Core 95, 102, 104, 110, 120, 133, 171
moment of inertia, MOI 74

O
OB(out of bound) 225
offset 46, 36, 74
on top 141

P
par 198
path 17
path 79
peak speed 17
penalty area 204

proprioceptor 24
putting green, 206

R
reading 79
right aimer 88, 89
Right Arm Plane 176, 179
round 207

S
semi-mallet 38, 39
set up 95
shaft flex 75
Shaft Plane 176, 181
shank 244
Shoulder Plane 176, 177
side on 141, 152, 159
speed 17
speed bias 56
stance 61, 79
straight plane Line 17
stroke 69, 120

swing 117, 119
swing plane 176
swing zone 252

T
take away 119, 144
Tee Box 218
tee up 213
toe 50
toe down 76
toe up 86
top swing 119
torque 74, 79

U
Upper Core 95, 102, 103, 106, 108, 120, 130, 171

V
vector 53, 94
vestibular system 24
visual search 24, 27

참고 자료

- Adams, M. (2018). Putter fit manual. 2018 한국여자프로골프협회 강습자료.

- KLPGA(2019). 바이오 스윙 다이나믹스. 2019년 9월 25~26일: 리베라 CC.

- Edel, D. (2018). Edel 피팅 매뉴얼. 2018 한국여자프로골프협회 강습자료.

- KLPGA(2019). 퍼터 피팅 클리닉. 2019년 4월 3~4일, 12월 11~12일: 더케이호텔.

- Wright, D. (2017). Swing machanism. 2017 한국여자프로골프협회 강습자료.

- KLPGA(2019). 밸런스 측정 시스템. 2019년 2월 26~27일: KMA 판교.

- Wright, D. (2020). The Three Swings of Wright Balance: Which One Are You? 2020, 2, 10. https://www.usgtf.com/the-three-swings-of-wright-balance-which-one-are-you/에서 인출

- Scott Skorski(2019). 에임 포인트. 2019년 6월 19~20일: 리베라 CC.

[부록]

본서 출판에 도움을 준 사람들

◆ David Edel

- 퍼터 피팅 전문가
- 美골프다이제스트 지 선정 Gold Medalist
- PGA 숏게임 교습가
- 에델골프 대표
- Golf System Engineering Master
- 체계화된 퍼터피팅 메뉴얼 구축

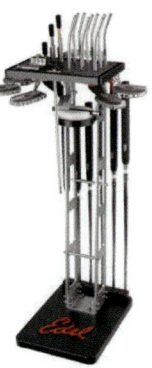

- **주요 저서** : Golf, The Best Putting Instruction Book Ever
  공동저자

프로골퍼는 이런 교육을 받는다

◆ Mike Adams

- 2016 World Golf Teachers 명예의 전당
- 2016 2016 PGA 올해의 교습가
- Golf Magazine TOP 100 교습가
- Golf Digest TOP 50 투어
- 15개 메이져 대회 우승자 양성
- 160개 이상 투어 이벤트
- 25개 USGA 대회 우승자 양성
- 역대 미국 5대 대통령 골프 교습가

- **주요 저서** : Play Better Golf, The Laws of the Golf Swing

프로골퍼는 이런 교육을 받는다

◆ David F. Wright

- 前 University of South California School Of Medicine 교수
- Golf Magazine TOP 100 교습가
- Golf Magazine TOP 25 골프 스쿨 운영
- South California 올해의 PGA 교습가 2회 수상
- 전 세계 100명 이상 투어 프로 지도

주요 저서 :

The Best Putting Instruction Book Ever, Drive the Ball With Power and Accuracy

프로골퍼는 이런 교육을 받는다

프로골퍼는 이런 교육을 받는다

프로골퍼는 이런 교육을 받는다

2020년 2월 24일 인쇄
2020년 2월 28일 발행

지은이 | 김순희
펴낸곳 | 레인보우북스
주　소 | 서울특별시 관악구 신림로 75 레인보우 B/D
전　화 | 02-2032-8800
팩　스 | 02-871-0935
이메일 | min8728151@rainbowbook.co.kr

정가 20,000원
ISBN 978-89-6206-469-8　93690

* 본서의 무단복제를 금하며,
　잘못된 책은 구입한 곳에서 교환해 드립니다.